技术与教师：

人工智能时代的教师素养

著者 / 胡伟

项目资助：

江苏省社会科学基金项目“人工智能时代中小学教师核心素养研究”（20JYD002）

江苏省高校哲学社会科学研究重大项目“人工智能时代中小学教师核心素养与江苏强师政策构建研究”（2020SJZDA109）

东南大学出版社
SOUTHEAST UNIVERSITY PRESS
·南京·

内容简介

技术与教师应该是一种怎样的关系？人工智能时代的教师面临哪些角色困境？人工智能时代的教师该如何定位？人工智能时代的教师应具备哪些素养？本书围绕以上问题展开了相关讨论：第一，从走向机器、走向人、走向人机协同三个价值取向视角分析了人工智能时代教师素养的构成；第二，从技术、政府、企业、学校、教师五方面分析了人工智能时代教师素养的影响因素；第三，从政府、企业、学校、教师四方面分析了人工智能时代教师素养的培养策略。

图书在版编目(CIP)数据

技术与教师 ：人工智能时代的教师素养 / 胡伟著.
— 南京 ：东南大学出版社，2023.12
ISBN 978-7-5766-1112-0

Ⅰ.①技… Ⅱ.①胡… Ⅲ.①多媒体教学-教学研究
Ⅳ.①G434

中国国家版本馆 CIP 数据核字(2023)第 253598 号

责任编辑：姜晓乐 **责任校对**：韩小亮 **封面设计**：余武莉 **责任印制**：周荣虎

技术与教师：人工智能时代的教师素养
JISHU YU JIAOSHI：RENGONG ZHINENG SHIDAI DE JIAOSHI SUYANG

著　　者 胡 伟
出版发行 东南大学出版社
出 版 人 白云飞
社　　址 南京四牌楼 2 号 邮编：210096
网　　址 http://www.seupress.com
经　　销 全国各地新华书店
印　　刷 广东虎彩云印刷有限公司
开　　本 700 mm×1 000 mm 1/16
印　　张 12.75
字　　数 222 千字
版　　次 2023 年 12 月第 1 版
印　　次 2023 年 12 月第 1 次印刷
书　　号 ISBN 978-7-5766-1112-0
定　　价 58.00 元

PREFACE

前言

人工智能时代，如何理解并定位教师角色，明确教师素养的构成，是探究和解决教育发展问题的前提。新的时代背景，对教育提出了新要求，引发了教育改革。随着人工智能对教育领域的逐渐深入，研究者从最初关注于“教师是否会被人工智能取代”，转向关注于教师应该具备哪些素养来适应人工智能时代。

技术与人的关系，是探讨人工智能时代教师素养的首要问题。从技术成为“人的延伸”、技术导致“人的异化”、技术理性及技术合理性三个视角分析技术与人的关系，可以发现：第一，技术作为“人的延伸”，是一种工具，这种工具是为了达成人的某些目的。从这层意义上来说，技术与人的关系是“器”与“道”的关系。第二，从历史、社会、政治、文化的维度来看，技术导致了人的异化。第三，技术理性的实质是将技术与理性结合在一起，这种结合使理性通过客观的物质形态得以呈现，这种客观的物质形态就是人类的实践活动。崇尚人文理性的学者开展了对技术理性的一系列批判研究，涉及社会层面、政治层面、哲学层面以及文化人类学层面等。为了实现技术的合理性，需要在技术中融入一种新的价值观，摆脱技术的功利性与工具性，从而将技术作为一种工具和手段实现人类的全面发展。

人工智能时代教师的角色困境与定位，是探讨人工智能时代教师素养的基础。随着人工智能在教育领域的应用，教师陷入了角色困境，主要表现在四个方面：首先，人的主体地位被技术所取代；其次，教师的“教书匠”角色被高效的人工智能取代；再次，教师的“因材施教”角色被精准的人工智能实现；最后，教师对人工智能技术存在适应困境。人工智能时代，教师应明确自身角色定位，与机器共存与协作。首先，技术与人之间是“器”与“道”的关系；其次，人工智能与教师之间是“助手”与“师傅”的关系；最后，人工智能时代教师应该培养学生的素养与思维技能。

从走向机器、走向人、走向人机协同三个价值取向视角，分析人工智能时代教师素养的构成，可以发现：第一，走向机器的教师素养，即人工智能素养，主要包括人工智能知识、人工智能技能、人工智能态度与伦理三方面。第二，走向人的教师素养，即人类特有素养，主要包括创新素养、研究素养、情感素养、审美素养、终身学习素养。第三，走向人机协同的教师素养，即人机协同素养，主要包括人机协同意识、人机协同能力、人机协同思维、人机协同态度。

从技术、政府、企业、学校、教师五方面分析人工智能时代教师素养的影响因素，可以发现：第一，人工智能自身是不断发展进步的，所以对应的教师人工智能素养、人机协同素养也需要更新。第二，各国政府将人工智能作为提升国家竞争力的重要战略，出台了一系列人工智能相关政策，建立了“人工智能＋教育”应用试点，对教师进行智能教育素养培训。第三，各大科技巨头成立了人工智能实验室，推动人工智能研发与产品应用。第四，学校购买或引进的人工智能产品及制定的规章制度和教师培训都对人工智能时代教师素养的形成和培养有影响。第五，教师的主观态度、知识能力水平、具体行动也是影响因素。

从政府、企业、学校、教师四方面分析人工智能时代教师素养的培养策略，可以发现：第一，政府需要发挥宏观调控作用，制定人工智能时代的国家教师专业标准，并为培养人工智能时代教师素养提供资金支持。第二，企业要研发适用于教师的人工智能产品，推动可解释人工智能的发展。第三，学校要开展职前教师人工智能相关培养，并加强在职教师人工智能相关培训。第四，教师要从观念上提升适应人工智能时代的认知，从实践上提升适应人工智能时代的能力。

著者：胡　伟
2023 年 11 月

目录
CONTENTS

绪论

机器是否能思考，

与潜水艇是否能游泳的问题很像。

——艾兹格·迪科斯彻(Edsger Dijkstra，计算机科学家)

人工智能时代的到来使教师的存在意义受到了前所未有的质疑。随着人工智能对教育领域的逐渐深入，研究者从最初关注于“教师是否会被人工智能取代”，转向关注于教师应该具备哪些素养来适应人工智能时代。

第一节　问题提出

一、研究缘起

研究缘起主要包括客观和主观两个方面。从客观上来说，缘于人工智能时代发展的需要，以及国家战略发展的需要；从主观上来说，缘于个人研究旨趣及研究所长。

（一）人工智能时代发展的需要

21世纪以来，全球出现了以人工智能、物联网、云计算、大数据、移动互联网等为代表的新一轮技术创新浪潮。2016年3月，由DeepMind公司开发的人工智能“阿尔法狗”(AlphaGo)以4比1的总比分击败了围棋世界冠军、职业九段棋手李世石，又于2017年5月在中国乌镇围棋峰会上，以3比0的总比分击败了排名世界第一的世界围棋冠军柯洁。人工智能战胜世界围棋冠军引起了各界对人工智能的关注，有学者提出人工智能时代已来。2016年被称为人工智能元年，2017年被称为人工智能应用元年。人工智能时代已然到来。

2022年11月，由OpenAI开发的人工智能聊天机器人程序ChatGPT火爆全网。ChatGPT是一个强大的语言模型，是生成性人工智能的代表。比尔·盖茨认为，“ChatGPT这种人工智能技术出现的重大历史意义，不亚于互联网和个人电脑的诞生”[①]。ChatGPT正在对各行各业产生重大影响，学校教育也面临着ChatGPT带来的挑战与机遇。有学者提出，ChatGPT时代已来。

近几年，“人工智能”成为各学科研究的热门关键词，“人工智能时代”也成为各学者研究讨论的重要时代背景。人工智能不同于以往任何技术，根据媒介延伸理论，人工智能是人脑的延伸，甚至是整个人的延伸，这不仅为人类发展提供了机遇，也对人的存在意义提出了前所未有的挑战。

1. 人工智能时代，智能设备应用越来越广泛

日常生活中，智能设备的应用越来越广泛，比如说智能手机、智能家居、无人驾驶汽车、人脸识别设备等。

2022年3月1日，数据分析机构Newzoo发布了《全球移动市场报告》[②](*Global Mobile Market Report*)，其中数据表明，中国智能手机用户（指一个月至少使用一次智能手机的用户）超过9.5亿，遥遥领先于其他国家，比第二名的印度(4.9278亿)、第三名的美国(2.7376亿)和第四名的印度尼西亚(1.704亿)的总和还要大。虽然在总量上中国处于绝对领先地位，但在智能

---

① 新浪科技.比尔·盖茨:ChatGPT表明人工智能历史意义不亚于“PC或互联网诞生”[EB/OL].(2023-02-03)[2023-04-11]. https://finance.sina.com.cn/stock/usstock/c/2023-02-03/doc-imyeknkx3560906.shtml

② GameRes游资网.《Newzoo 2021全球移动市场报告》:全球智能手机用户将达39亿[EB/OL].(2021-10-12)[2023-04-11]. http://baijiahao.baidu.com/s?id=1713373799149703247 8&wfr=spider&for=pc.

手机渗透率上，中国(66%)还有努力的空间，其中最高的是美国(88.2%)，然后是英国(79.8%)、法国(78.8%)、德国(78.8%)、意大利(77%)、俄罗斯(70.1%)、越南(68.2%)、伊朗(67.3%)。智能手机几乎已经成为大部分人日常生活的必需品。

智能设备的应用是为了使人们的生活更便捷。如何合理地应用智能设备，使智能设备成为学习、成长、与人沟通的工具，而不仅仅是娱乐、购物、看朋友圈的工具，这不仅需要使用者的自律，还需要教育者的引导。

2. 人工智能时代，大量工作岗位将被取代

人工智能成为人脑甚至人的延伸，会导致大量工作岗位被取代。有学者们研究过人工智能对未来工作的影响，比如牛津大学人类未来发展协会于2013年做过的一项研究指出："整个美国就业市场的47%的人都会在未来二十年内受到计算机化发展的威胁。风险最大的职位是那些薪资低教育程度低的职位。"

美国联邦政府于2016年发布了《人工智能、自动化和经济》(*Artificial Intelligence, Automation, and the Economy*)报告，其中指出，人工智能不仅可以带来巨大的经济效益，还可能会导致数百万个工作岗位的消失，比如司机和收银员的工作很有可能被人工智能取代。因此，工人们需要接受再教育，培养人工智能时代发展所需要的素养，以此适应新的就业市场需要。

当然，并非所有工作岗位都会被人工智能取代，在未来的工作中，具有人工智能知识的人将极有可能取代那些不具备人工智能知识的人。教师这一职业是否会被人工智能替代，对这一问题的思考是开展本研究的缘起之一。

（二）国家学校战略发展的需要

1. 国家发展战略的需要

从政策层面来说，2017年3月，全国两会首次将人工智能写入政府工作报告，人工智能上升为国家战略。2017年7月，国务院印发了《新一代人工智能发展规划》，指出了"面向2030年我国新一代人工智能发展的指导思想、战略目标"。2017年10月，党的十九大报告强调，要"推动互联网、大数据、人工智能和实体经济深度融合"。2018年3月，《2018年国务院政府工作报告》中明确提出"加强新一代人工智能研发应用"。

具体到教育领域，2018年4月，教育部印发了《高等学校人工智能创新行动计划》，要求各高校"推进智能教育发展"，发挥好、利用好人工智能技术在

"推动学校教育教学变革""推动学校治理方式变革""推动终身在线学习"中的作用。2019 年 2 月,中共中央、国务院印发了《中国教育现代化 2035》,提出"建设智能化校园,统筹建设一体化智能化教学、管理与服务平台"。

2022 年 7 月 25 日,教育部办公厅发布了《国家智慧教育公共服务平台接入管理规范(试行)》,其中提到"按照国家教育数字化战略行动的统一部署,为加快推进教育数字化转型,促进教育高质量发展,加强对接入国家智慧教育公共服务平台的各级平台的管理,形成以国家智慧教育门户为核心的国家智慧教育平台体系"①。

从国家战略发展来看,推动智能教育发展是当前乃至未来教育领域的重点任务之一。而教师是推动智能教育的重要力量,人工智能时代需要怎样的教师,对这一问题的思考是开展本研究的缘起之一。

2. 学校发展战略的需要

教育的目的是培养未来社会需要的人。作为教育的主要场所,在人工智能时代,学校教育的目标是培养适应人工智能时代的人。

2018 年 6 月 7 日,国家标准《智慧校园总体框架》(*Smart Campus Overall Framework*,GB/T 36342—2018)颁布,2019 年 1 月 1 日开始实施。这一标准阐明了智慧教学环境、智慧教学资源、智慧校园管理、智慧校园服务、信息安全体系等方面的总体架构。

中小学利用各种资源开设人工智能课程。杭州市余杭区 57 所中小学与区人工智能教育基地合作,引进了一批优秀的教师,为学生们开设了"人工智能"系列课程,比如软件编程、无人机、航模、机器人等,丰富了学生的人工智能知识和技能。②

高校将人工智能应用于校园建设。北京大学计算中心张蓓表示,"北京大学将进一步探索人脸识别技术在教室智能化管理、考场防作弊、课堂智能评测、空闲教室精细化管理、校园安防提升、体育场馆精细化管理、合理就餐、自助服务等多元化场景的应用"③,以此充分发挥人工智能的技术优势。

---

① 教育部. 国家智慧教育公共服务平台接入管理规范(试行)[EB/OL]. (2022-08-19)[2023-05-22]. http://www.moe.gov.cn/srcsite/A16/s3342/202208/t20220819_653868.html.

② 余杭晨报. 余杭:"人工智能"进校园,为学生插上科技翅膀[EB/OL]. (2021-11-25)[2022-04-26]. https://baijiahao.baidu.com/s?id=1717365484774952608&wfr=spider&for=pc.

③ 唐兆玲. 人工智能给我们的校园生活带来了哪些变化?[EB/OL]. (2019-04-17)[2022-04-26]. http://nic.upc.edu.cn/2019/0417/c7404a203302/page.htm.

ChatGPT 作为一款功能强大的生成式人工智能软件,可以根据提问信息生成自然语言文本,ChatGPT 的出现给学校发展带来了机遇与挑战。学校该如何更好地将 ChatGPT 应用于学校各项工作,促进学校的发展?对这些问题的思考是开展本研究的缘起之一。

(三)教师自身专业发展的需要

人工智能会不会取代教师?随着人工智能的出现,教师的存在意义受到了前所未有的质疑,教师的焦虑转变为被人工智能所取代。人工智能在给教师带来先进工具的同时,也将教师置入了一个危机四伏的境地。

尤其是最近几年,ChatGPT 等生成式人工智能可以作为教师的有效辅助工具,为教师提供有针对性的教学资源,也可以为教师提供自动评分、语音识别等功能,帮助教师更有针对性地评估学生。

人工智能时代需要什么样的教师?伴随技术的进步与发展,对教师身份产生了相应的影响,这些影响是什么?对教师素养的要求又发生了哪些变化?教师的专业发展指向何方?教师对人工智能应持什么态度?是该毫无防备地拥抱人工智能,将其摆到至高无上的地位,还是该对其敬而远之,还是其他?教师该如何更好地使用 ChatGPT 促进教育教学与自身专业发展?如何寻求解决这些问题的切入点?为这些问题的解决提供可供参考的理念与措施,成为本研究的缘起之一。

(四)个人研究旨趣及研究所长

1. 个人职业发展困惑的思考

作为一名教师,对本研究的关注在于帮助个人思考未来需要什么样的教师,自己欠缺的是什么,如何提升自我素养以适应变化的未来,对于这些问题的探寻,可以减轻个体面对未知世界的焦虑和不安。

未来世界的一个重要特征是“不确定性”。不确定性会给个体带来不安全感,而从生理需求角度来说,人类的安全感来自对确定性的追求。如何解决未来的不确定性与个体内心对确定性的追求之间的矛盾?本研究试图寻找可能的路径。

另外,随着人工智能技术的不断发展,如何借助这一工具更好地开展教育教学活动,成为教师需要思考的问题。比如如何借助 ChatGPT 等生成式人工智能技术,为备课提供思路,更有针对性地搜集教学材料,提升课堂的教学效果。

未来的教师需要与人工智能协同合作，如何更好地各司其职？如何更好地最大化地发挥教师作为人的优势，为学生提供有温度的教学，而不仅仅是知识的传授，帮助学生了解自己，而不仅仅是将学生培养成为特定的人？如何提升学生的自我效能感，保护学生对世界的好奇心？面对人工智能时代，如何更好地促进个人的职业发展？对以上问题的思考是本研究的缘起之一。

2. 博士论文研究的进一步深化

从研究角度来说，笔者对技术的关注始于博士学习期间。还记得一次导师上课时说起来一个题目，是关于技术与教育的问题，他觉得很不错，但却一直没有博士生去研究。记不得是为什么，笔者当时突然说想研究这个题目试试，后来想想还是挺佩服自己当时的勇气的。可能之所以一直没人选这个题目，是因为难，或是因为不感兴趣。总之，命运之神把笔者带到了这个题目面前，或者说把这个题目带到了笔者面前。

可能是由于高中学理科，大学又读了工科，所以笔者对技术并没有什么畏惧感。虽然，经过硕士的一番学习，已经对自圆其说的文科思维习以为常，但确实是一些人文社科经典温暖我心。因此，从开题到最后完成博士毕业论文期间，笔者研读了技术哲学、教育学的一些理论著作，完成了一项跨学科的研究。

后来，到南京师范大学教育科学学院（简称南师大教科院）做博士后，在准备博士后开题的时候，笔者想继续博士论文的研究，从宏观的视角走向中观的视角，或者说走向具体一些的研究，所以将技术具体化为当时刚刚热起来的人工智能，将对整体教育的关注转为对教师的关注，尤其是对教师素养的关注。

而近一两年，随着ChatGPT等生成式人工智能技术的出现，教师又面临了新的挑战与机遇。因此，本研究试图探讨人工智能时代，尤其是ChatGPT等人工智能技术的出现对教师素养提出了哪些要求。这也是本研究的缘起之一。

二、研究意义

（一）理论意义

本研究是关于技术与教师的教育基本理论问题的研究。本研究基于人工智能的时代背景，较为深入地分析了技术对教育场域中的重要主体（教师）的影响，完善了关于教师素养等基本问题的讨论。具体包括以下两个方面：

1. 有助于构建人工智能时代教师素养理论

本研究综合运用加涅的学习结果分类理论、创新扩散理论等相关理论，运用文献分析、文本分析、理论分析等方法，探究人工智能时代教师素养的构成、影响因素和培养策略，对人工智能时代教师素养理论研究具有一定意义。

2. 有助于完善人工智能时代教师专业发展理论

本研究从人工智能时代背景出发，探讨教师素养相关问题，有助于人工智能时代教师专业标准的研究，有助于丰富教师专业发展相关理论研究。

（二）实践意义

如何来理解并面对人工智能对教师的影响，是探究和解决当前教育发展困境的途径，这使本研究具有一定的实践意义。具体包括以下两个方面：

1. 有助于促进智能教育发展

从学校层面来说，人工智能校园建设、人工智能课程开发、人工智能教学管理等方面都离不开教师的参与，培养教师具备适应人工智能时代发展的素养有助于推动学校智能教育发展。

2. 有助于促进教师适应人工智能时代发展

通过对人工智能时代教师素养问题的探讨，可以帮助教师去了解、融入、适应人工智能时代背景，促进一线教师对人工智能等技术的思考，促进其专业发展，从而提高师资质量。

三、研究问题

本研究拟围绕以下问题展开研究：

（1）技术与人的关系是怎样的？

（2）人工智能时代教师的角色困境与定位是什么？

（3）人工智能时代教师素养的构成是怎样的？

（4）人工智能时代教师素养的影响因素有哪些？

（5）人工智能时代教师素养的培养策略有哪些？

第二节 文献综述

一、国内相关研究综述

（一）关于教师素养的研究

在中国知网上，以“教师素养”为篇名进行核心期刊（包括北大核心、CSSCI收录）文章搜索，截止到2022年4月26日，共有文献100篇。国内对教师素养的研究始于20世纪90年代，为了提高基础教育质量，需要对21世纪中小学教师的专业素养进行讨论。其中被引率（截至2022年4月26日，被引2606次）最高的文章是叶澜的《新世纪教师专业素养初探》（1998）。总体来说，国内学者关于教师素养的研究主要围绕教师素养的内涵、结构、培养策略等进行。

1. 关于教师素养的内涵

教育部教师工作司对教师素养的界定是：“教师素养主要由知识、能力、情意三部分组成。”有学者从英语、语文、音乐等学科视角界定教师核心素养。有学者讨论了人工智能时代下的教师素养，提出了数智素养、智能素养、智能教育素养、信息素养等概念的新内涵。

许亚锋等认为，在数智融合的人机协同环境中，单一素养无法满足人机协同环境，因此将数据素养和人工智能素养融合起来，提出了“数智素养”的概念。“所谓‘数智素养’是指人们在数智时代为了完成学习、工作和生活等多方面的目标，合理、有效且符合伦理地融合使用人工智能技术，以及处理、分析多种类型数据的能力。”

对智能素养内涵的阐述，不同学者侧重点有所不同。主要包括两类：一部分学者认为智能素养是信息素养在人工智能时代的扩展和深化。比如，汪明认为智能素养是信息素养在人工智能时代的具体体现。王奕俊认为，人工智能素养是在素养（信息素养）基础上的拓展和深化。一部分学者认为智能素养是个体面向人工智能时代应具备的关键能力，强调应对人机协同挑战的个体智能。比如，郑勤华等人认为，智能素养不仅关注个体对人工智能内容的了解，更关注个体应对人机协同挑战而需要具备的能力。刘斌认为，智能教育素养是教师胜任智能教育环境下教育教学实践的一种关键素养。

2. 关于教师素养的结构、模型、框架

叶澜指出："未来教师素养应该具备与时代精神相通的教育理念，具备崇高的精神，良好的文化素养，复合的知识结构，较高的教育能力和研究能力。"概括来说，主要从专业情意、专业知识、专业技能三个方面阐述了教师素养的基本结构。

21世纪以来，不同学者基于不同的背景提出了教师素养的基本结构。林一钢从校本课程开发视角分析了教师素养。张楚廷关注素质教育背景下的教师素养。谷峪、张正之等引他山之石，从品质、知识、技能三个维度对日本、美国教师素养的结构进行了概括。

顾明远提出："传统教育中，教师素养体现在对知识的掌握和权威方面。而在当今的互联网时代，教师应该成为培养学生品德、教授学生知识、训练学生思维的引路人。"

李承伟基于扎根理论构建了教师核心素养模型，王光明提出了双螺旋结构模型，钟祖荣提出了四大类八种关键能力。

国内教育政策中提出了教师素养的结构，具体体现在教育部2012年颁布的《教师专业标准》中，对各个教育阶段的教师提出了具体的要求，从专业理念与师德、专业知识、专业能力三个维度展开。

关于教师专业标准的研究，周文叶、崔允漷指出，"教师专业的核心要素主要包括：关于教师专业标准的范畴与领域——专业知识（应知）、专业技能/实践（会做）和专业品质（愿持）；关于教师专业发展阶段的划分与要求——根据教师专业发展各个阶段的特质，为每个层次和水平的教师制定相应的标准；关于教师专业发展的核心领域——学会理解、尊重学生，致力于每一位学生的学习与成长；促进学生有效学习的教学实践技能；具有专业反思与终身学习的能力；养成专业合作的品质"。

学者们基于不同理论，构建了智能素养的框架结构。一部分学者基于核心素养结构框架，提出了智能素养框架。比如，汪明提出学生智能素养包括智能知识、智能能力、智能情意与智能伦理。徐嘉欣提出教师智能素养应包括协同素养、思维素养和人文素养。

一部分学者基于信息素养、数据素养等结构框架，提出了智能素养框架。比如，王毅基于信息素养框架，提出智能素养包含智能知识、智能思维、智能化学习与应用、智能伦理四要素。王奕俊通过梳理信息素养和数字素养的演变过程,从知识、技能、意识、伦理和思维五个维度提出智能素养框架。侯贺中参考郝媛玲等人提出的数据素养基本要素,构建了智能素养金字塔模型。

还有学者基于学习结果分类理论构建了智能素养模型,提出了智能素养框架。比如,郑勤华等基于加涅的学习结果分类理论构建了智能素养模型,提出智能素养涵盖智能知识、智能能力、智能思维、智能应用、智能态度五个方面。

闫志明等人基于TPACK(整合技术的学科教学知识)模型,认为"应该将AI技术知识与思维纳入教师的专业知识体系,提出了整合AI技术的学科教学知识模型(AI-TPACK)。其中,AI技术知识表示TK的智能化发展,它会促进TPACK原有的其他知识构成要素产生新的变化:由TK转变为AI知识与素养(AIK);由TPK转变为'AI+教学'知识(AI+PK);由TCK转变为'AI+学科'知识(AI+CK);由TPACK转变为'AI+学科教学'知识(AI+PCK)"。

3. 关于教师核心素养的培养策略

学者们认为智能素养的培育是一项长期系统的工程,需要多方力量共同参与。有学者从宏观视角分析,比如,汪明认为智能素养的培育不仅需要国家、社会、学校等多方主体的共同努力,也需要自觉调动并充分发挥多种育人要素的合力。侯贺中也提出中小学生智能素养的培养需要国家、学校、企业三方相互配合。有学者从微观视角分析,比如,王毅提出通过中小学信息技术课程来培养学生的智能素养。

(二) 关于人工智能时代的教师的研究

目前,国内学者关于人工智能时代的教师的研究主要围绕人工智能时代教师面临的挑战、角色转型与定位等问题。

1. 关于人工智能时代教师面临的机遇与挑战

从认识论视角,有学者提出人工智能技术必将推动教育行业发生革命性变革,机遇与挑战并存。人工智能会对未来教师的工作带来巨大危机与挑战,甚至是四面楚歌式的生存危机。从工具论和实践论视角,有学者提出教师知识传授的角色会被人工智能取代。

有学者提出,人们惊叹于ChatGPT强大的自然语言生成和情境对话能力，也忧虑于 ChatGPT 可能带来的各种风险挑战。“从教师的专业理念、专业知识、专业能力和专业情意四个维度，通过案例深度剖析 ChatGPT 对教师专业发展带来的机遇和挑战，从而探究人工智能技术赋能教师专业发展的路径。”①

有学者提出：“鉴于 ChatGPT 所禀赋的双重性，致使教师在教育中呈现窘境，主要体现为身体的地位弱化、技能的意向制约、心理的盲目追求。”②

有学者③将 ChatGPT 置于教育科技的百年历史中加以审视，并从技术哲学的视角分别剖析了 ChatGPT 作为学校教育的“朋友”的创新应用和作为“敌人”的威胁与隐忧。

有学者提出：“ChatGPT 等生成式人工智能将对教师的教育理念、能力结构、教学模式方法、伦理道德水平及专业发展方式等带来冲击和挑战。”④

有学者⑤通过分析 ChatGPT 技术在教育支持系统及教育领域场景的应用，发现 ChatGPT 技术不仅可以帮助教师更有效地传授知识，改善教育质量，还可以帮助学生更高效地学习，提高学习效率。

有学者⑥揭示 ChatGPT 教育应用存在的伦理风险，包括：数据隐私的泄露与滥用、机器算法的歧视与偏见、师生关系的弱化与破坏、学术公平的失信与失衡。

有学者提出：“在享受 ChatGPT 带来的技术红利的同时，其自带的风险将乘势进入教育场域，包括知识异化风险、学生主体性异化风险、教学过程异化风险、数字伦理风险以及数字教育治理风险，等等。”⑦

2. 关于人工智能时代教师的角色转型与定位

从对人工智能的态度来看，教师角色定位可以分为积极型和消极型。前者认为教师不会被人工智能取代，教师应该注重“育人”，成为学生成长的引

---

① 吴军其，吴飞燕，文思娇，等. ChatGPT 赋能教师专业发展：机遇、挑战和路径[J]. 中国电化教育，2023(5)：15－23.

② 杨岱齐，陈思宇，王纬虹，等. “ChatGPT”赋能教师教育：机理、窘境、突围[J]. 继续教育研究，2023(5)：14－18.

③ 焦建利. ChatGPT：学校教育的朋友还是敌人？[J]. 现代教育技术，2023，33(4)：5－15.

④ 杨现民，郑旭东. 生成式人工智能重塑教育及教师应对之道[J]. 中小学信息技术教育，2023(5)：8－10.

⑤ 于浩，张文兰. 基于 ChatGPT 技术的教育教学变革思考[J]. 继续教育研究，2023(5)：33－39.

⑥ 王佑镁，王旦，梁炜怡，等. ChatGPT 教育应用的伦理风险与规避进路[J]. 开放教育研究，2023，29(2)：26－35.

⑦ 周洪宇，李宇阳. ChatGPT 对教育生态的冲击及应对策略[J]. 新疆师范大学学报(哲学社会科学版)，2023，44(4)：102－112.

路人、互动者、对话者、帮助者、陪伴者。后者认为教师会被人工智能取代。

有学者提出，面对ChatGPT的出现，教师需要思考自己最不能被替代的是什么，最不能被替代的是教师的情感价值。“教师能够给予学生真实关系中的爱、有温度的心理和情感支持，这是师德的基础和核心，是教师不可替代性的底层逻辑。教师应强化师德修炼，做到师德师能一体化发展，才能让师德成为最硬核的专业底气，成为无可替代的人。”①

有学者提出：“以ChatGPT为代表的人工智能对教师专业发展赋予了新的含义，教师需要跟上时代变化，适应人机同伴互教的新型专业发展方式，提高基于境脉学习的提示词设计技能，做好‘人师’，提升培养学生只有人类才具有的核心素养的教学胜任力。”②“ChatGPT的出现给予了教师反思人师存在价值的契机，对教师提出了更高的要求。”③

有学者提出：“ChatGPT所不能的，就是教师不能被取代、不会被湮灭、无法被超越的存在价值。例如，在培养学生的理想与信念、价值与意义、思维与情感、意志与勇气、奋斗与进取、反思与自省、创造与创新等方面，人师的存在价值无可替代，弥足珍贵。当下对核心素养的理解，以及新课程与新课标的落地实施，同样需要以ChatGPT为新视角和新准绳，重新加以解读、设计、实施和评估。”

有学者④从博弈论视角出发，从道德伦理角度剖析“教育—ChatGPT”之间的最优关系，提出ChatGPT教育应用伦理困境的规避建议：唤醒大众意识与保护数据隐私，警惕惯性认知与防范算法偏见，把握任务重心与调节师生关系，规训道德行为与重塑学术公平，以此增强“教育—ChatGPT”的应用价值利益，共建教育人工智能伦理规范，促进教育人工智能理性发展。

有学者提出：“为有效抵御ChatGPT带来的风险挑战，应加强自主研发，完善顶层设计；辨明技术本质，回归育人本位；提高师生数字素养，走向和合共生的人机交互；坚守数字伦理，共筑美好未来。”⑤

---

① 吴少平，王红.ChatGPT的启示：师德是教师最硬核的专业底气[J].中小学德育，2023(5)：14-16.
② 黎加厚.ChatGPT对教师的含义[J].中小学信息技术教育，2023(5)：5-7.
③ 陈增照，石雅文，王梦珂.人工智能助推教育变革的现实图景：教师对ChatGPT的应对策略分析[J].广西师范大学学报(哲学社会科学版)，2023，59(2)：75-85.
④ 王佑镁，王旦，梁炜怡，等.ChatGPT教育应用的伦理风险与规避进路[J].开放教育研究，2023，29(2)：26-35.
⑤ 周洪宇，李宇阳.ChatGPT对教育生态的冲击及应对策略[J].新疆师范大学学报(哲学社会科学版)，2023，44(4)：102-112.

有学者提出:“随着生成式人工智能 ChatGPT 的出现,教师身份面临自然身份、制度身份、话语身份、亲和身份四重危机。教师应该尽快转变观念,主动重塑新身份,从‘照本宣科者’到‘活动组织者兼榜样示范者’,从‘墨守成规者’到‘纳新革新创新的终身学习者’,从‘科技绝缘体’到‘与 AI 教师协同工作的主导者’,从‘单学科专家’到‘突破学科藩篱的破壁者’。”①

有学者提出:“人和智能机器人的本质区别在于人是有血有肉的生命体,有爱的需要,有自我意识,能发现问题,有原创能力。人工智能时代的教育呼唤爱与教学的艺术,要着力促进学生思维进阶。其前提是教师要有大爱情怀,坚持终身学习,拒绝平庸。”②

有学者提出:“随着人工智能的突破升级,‘ChatGPT+’正在成为一种新的发展形态。要理性认识学校教育与技术的本质关系,学校教育要引领师生树立‘做 AI 做不到的事’的主体意识。同时教育系统各主体要协同应变,包括更新制度体系,为新技术应用做好规约;培养‘智慧’教师,彰显‘人师’的独特价值;聚焦学生素养,提高人工智能认知力、运用力、创新力等。”③

有学者提出:“中小学教师亟须‘修炼’人机协同育人能力、持续反思与学习能力、批判性思考及选择能力、创造性思维与创新能力、跨学科领域合作能力等五项关键能力,以胜任人工智能时代的教师职业。”④

有学者提出:“随着 ChatGPT 的出现,人工智能时代的教育已经到来。作为人工智能时代的教师,如何不忘教育的宗旨?除了恪守教育的核心价值与基本的教学伦理,还需要有与之相适应的知识与技能,尤其需要自觉增强信息素养与教学伦理意识。”⑤

二、国外相关研究综述

(一) 关于教师素养的研究

国外研究者主要围绕教师素养的内涵、框架结构、培养策略等展开。

---

① 宁双,李臣之.人工智能视域下教师身份危机与重塑[J].中小学德育,2023(5):9-13.
② 刘历红,杨骅骁.人工智能时代教师何以生存与发展[J].中小学德育,2023(5):17-20.
③ 李永生.“ChatGPT+”时代学校教育的机遇、挑战与应对[J].中小学管理,2023(4):43-45.
④ 杨现民,郑旭东.生成式人工智能重塑教育及教师应对之道[J].中小学信息技术教育,2023(5):8-10.
⑤ 凌宗伟.人工智能时代,教师是“关键人群”[J].教育研究与评论,2023(3):29-36.

1. 关于教师素养的内涵

对于教师素养的英文表述，主要有“teachers’ competencies”“teachers’ skills”。关于教师素养的内涵，国外学者主要从某一素养出发展开分析，比如有学者认为数字素养是教师的核心素养。另外，也有学者针对职前教师的核心素养进行分析，比如有学者提出信息技术素养是职前教师的核心素养。

随着人工智能在人们的日常生活中起着越来越重要的作用，不同学科的研究人员开始对人工智能素养进行界定。目前，学界并没有对人工智能素养这一概念进行全面而综合的分析和界定。国外学者对人工智能素养（AI Literacy）的内涵阐述，侧重点与国内学者有异同之处。有学者将“人工智能素养”看作是“信息素养”的一部分。比如，Lyons 等人提出，21 世纪必须掌握的数字化技能包括计算思维与编程、人工智能、大数据与预测分析、云计算、机器学习等前沿技术。有学者从未来工作岗位要求的角度出发讨论“智能素养”的内涵。比如，Aida 将人工智能素养概括为计算机素养、理解力、数据处理能力、人工智能问题解决能力、逻辑能力、计算思维的集合。有学者认为“人工智能素养”是狭义智能教育的人才培养目标。比如，Kandlhofer 等人认为，人工智能素养是理解人工智能在不同产品和服务中的基本技术和概念的能力。

吉尔斯特（Gilster）认为，“数字素养”（Digital Literacy）是理解和使用来源广泛的、通过计算机呈现的多种格式信息的能力。这是对数字素养的最早界定。随着数字技术的发展和深入应用，后续学者们对数字素养的概念进行了扩展，比如有学者“强调学生高阶思维与能力的发展”①。

在当今的数字时代，以知识为基础的社会的出现，意味着每个公民都必须具备“数字素养”，并具备基本的能力，才能在工作场所获得更好的平等机会。有学者将这一术语又扩展出诸如“媒体、数字、信息、计算机和人工智能素养”。有学者认为，人工智能是 21 世纪最重要的技术之一。因此，要将人工智能与素养结合起来。人工智能素养包含运用人工智能驱动技术在数字世界中生活、学习和工作所需的基本能力，这需要在 K－12 阶段教授。

---

① Chan B S, Churchill D, Chiu T K. Digital literacy learning in higher education through digital storytelling approach[J]. Journal of International Education Research, 2017, 13(1): 1－16.

2. 关于教师素养的框架结构

欧盟、美国等国家学者分别研制了适应本国的教师核心素养的框架结构。比如《教师核心素养和资格标准的欧洲共同准则》(*Common European Principles for Teacher Competences and Qualifications*,欧盟,2005)、《支持教师核心素养的发展,以提升学习成效》(*Supporting Teacher Competence Development for Better Learning Outcomes*,欧盟,2013)、《以核心素养来促进终身学习的委员会建议书》(*Council Recommendation on Key Competences for Lifelong Learning*,欧盟,2018),美国学者于 2018 年研发了 K－6 小学教师准备的五项标准,提出了教师核心素养的框架与内容。

学者们主要从知识、应用、伦理等方面构建了智能素养框架,但侧重点有所不同。比如,Long 和 Magerko 提出的智能素养框架包含五个主题,主要从知识和伦理维度列出了智能素养的 17 项具体能力。Ng 等基于布鲁姆教育目标分类法,提出人工智能素养应包括了解人工智能、使用人工智能、评估和创造人工智能、人工智能伦理。

3. 关于教师素养的培养策略

学者们主要关注从学校层面讨论如何通过课程提升学习者的智能素养。比如,Ng 等基于 TPACK 模型,使教师将人工智能技术整合到学科知识和教学知识中,以此来提升学生的智能素养。

也有学者从社会层面提出培养智能素养的策略。比如,Rodríguez-García 提出为了使人们道德地理解和使用人工智能应用,需要社会支持来建立一个协作、创新、安全的环境,可以通过提供免费在线资源和课程、公共艺术设施和博物馆展览来实现。

(二) 关于人工智能时代教师角色的研究

面对“人工智能时代,还需要教师吗?”的问题,悲观派认为,在“学校消亡论”的背景下,传统意义上的教师已无存在必要。乐观派认为,人工智能无论发展到何种地步,教师都会竭力维护自身地位。

人工智能的发展并不会完全取代人类教师,教师仍将在课堂教学及师生关系中扮演重要角色。在指导、鼓励、维持秩序和全面关注个体发展等方面,年幼的孩子仍然离不开教师。

科技不能取代教师,但是使用科技的教师却能取代不使用科技的教师。教师应与人工智能教师协作,目前已有 AI 学伴、AI 学生、远程呈现 AI 教师以及课堂AI教师四种类型的机器人。但人工智能教师也面临技术性、运用性、接受度和伦理性的挑战。

有学者认为,ChatGPT将加速教育变革。“ChatGPT可能使教育永远不一样。”①“ChatGPT使用得当的话,将是一种强大的教育工具。”②

三、对国内外研究动态的简要评价

综上所述,国内外学者对教师素养的内涵、结构、培养策略,以及人工智能时代的教师挑战、角色转型和定位等方面,积累了较为丰富的理论与实践经验。然而,对于人工智能时代教师素养的研究在目前学界相对较少,且从深度和广度上都有所欠缺,仍需深入而系统的研究。探讨人工智能时代教师素养的构成、影响因素及培养策略,需要结合教育学、心理学、传播学等多学科理论,需要进行系统的规范研究。

第三节　研究设计

一、研究对象

本研究的研究对象聚焦于教师素养。关注于教师作为人的存在,作为教育者的存在;关注于基础教育教师、高等教育教师以及作为准教师的师范生在人工智能时代的共同核心素养。

二、研究思路

本研究结合教育学、心理学、传播学、技术哲学等学科的综合研究视野,按照“提出问题→分析问题→解决问题”的基本逻辑展开,具体如图0.1所示。

本研究侧重于对人工智能时代教师素养的构成、影响因素、培养策略进行理论分析。本研究的理论框架主要基于创新扩散理论和学习结果分类理论。

---

① Euchner J. Almost human[J]. Research Technology Management,2023,66(2):10-11.

② Rudolph J, Tan S. ChatGPT:Bullshit spewer or the end of traditional assessments in higher education? [J]. Journal of Applied Learning and Teaching,2023,6(1):1-22.

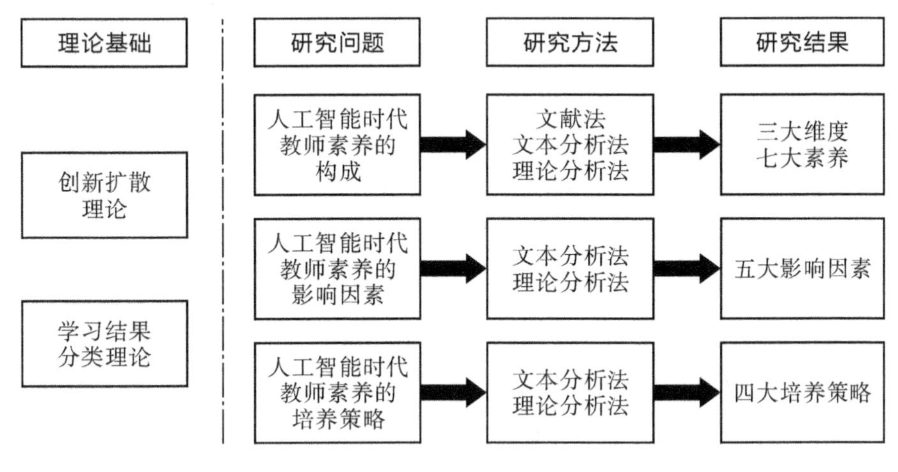

图 0.1　研究思路图

三、研究方法

本研究综合多种研究方法，主要有文献法、文本分析法、理论分析法。

（一）文献法

为完成本研究，查阅中国知网、Web of Science 等数据库，以教师素养、教师核心素养、人工智能时代、人工智能、智能素养、人工智能素养、信息素养等为关键词，下载论文百余篇，购买《教育的未来：人工智能时代的教育变革》等著作三十余部。通过对相关文献资料进行收集整理，初步明确本研究的研究背景、研究问题、相关概念、相关研究进展、理论基础、研究对象、研究思路、研究方法等，构建本研究的理论分析框架。

（二）文本分析法

对国际组织、世界各国所颁布的涉及人工智能及教师素养的教育政策和报告进行文本分析，探求人工智能时代教师素养的构成、影响因素及培养策略。对我国颁布的人工智能的相关政策进行文本分析，呈现国家推动人工智能对教育教学的影响。对研究机构发布的人工智能报告进行文本分析，呈现人工智能的技术发展情况及产品在教育教学中的应用情况。对学校制度文本进行文本分析，呈现学校推动人工智能应用于教育教学的作用。对教师的教学大纲、教案进行文本分析，呈现教师将人工智能应用于教育教学的情况。

对师范生在“教育学基础”课上围绕人工智能对教师的影响等问题所写

的平日作业进行文本分析,可以了解师范生的内心想法,师范生自己撰写的文字记录,能够以实物的形式增加资料的丰富性。作业的收集院校是长三角某省会城市某地方师范类本科院校,将这座学校称为J师范。作业的收集班级是J师范学前教育学院2021级普本班(后文简称P班)、2021级定向班(后文简称D班)。作业的收集课程是2021年下半年的"教育学基础"课程。从P班共收集到58份作业,从D班共收集到46份作业,共计收到104份作业。选取部分作业作为分析文本。

(三)理论分析法

结合已有研究文献,综合教育学、心理学、传播学、技术哲学等相关理论,构建本研究的理论分析框架。根据生态系统理论,从宏观、中观、微观视角提出人工智能时代教师素养的影响因素及培养策略。从人工智能时代教师素养的影响因素中提出的国家、企业、学校、教师四个方面分析人工智能时代教师素养的培养策略。根据技术工具论的观点,明确本研究的技术是价值无涉的,是作为工具存在的,其生产和应用取决于生产者和使用者的价值判断。根据创新扩散理论,对教师的人工智能态度进行分类研究。根据学习结果分类理论等,对教师素养的构成进行理论框架建构。

第四节 理论基础

本研究的理论基础主要包括罗杰斯的创新扩散理论,以及加涅的学习结果分类理论。

一、创新扩散理论

罗杰斯在《创新的扩散》一书中提到:"创新扩散的学说解释了人类最重要的发展历程——社会变迁。"[①]根据罗杰斯的创新扩散理论,其对采用者分类及创新扩散的要素是本研究的理论基础。

---

① 罗杰斯.创新的扩散[M].唐兴通,郑常青,张延臣,译.5版.北京:电子工业出版社,2016:前言Ⅶ.

（一）采用者分类

“采用者分类的标准是创新性。所谓创新性，是指个人或其他创新接受单位，较其他成员相对优先接受创新的程度。创新性是相对的，也就是说，只是相对于同一系统中其他人的先后。此外，创新性也是一个连续性的变数，将它分割成不同类别只是一种策略。”①

“根据创新精神，可以把受众分为五大类：创新先驱者、早期采用者、早期大众、后期大众、落后者。对创新精神的测量和体系内成员的分类是基于他们采用创新的时间维度进行划分的。”②采用者分布随时间呈“S”形曲线，并趋近于正态分布。

对采用者类别的划分是一种理想模式，是基于对现实观察的抽象概念，为了方便比较研究而设计。具体来说，是根据正态分布的平均值和方差来划分的，每一类采用者都有其主要特征。③ 第一，创新先驱者最突出的个性是具有冒险精神，是新思想纳入系统的“把关人”。第二，早期采用者是典型的“地方主义者”，是备受尊敬的，由于与当地社会系统联系紧密，早期采用者在接受某项创新后，会和周围的人谈论自己对于该创新的主观评价，可以减少创新—扩散过程的不确定性。而且早期采用者的创新性没有比普通人高太多，所以成为系统内大多成员的效仿对象。第三，早期大众具有深思熟虑的特征。早期大众是人数最多的一个类别，约占 1/3，他们会谨慎地跟随创新潮流，但不会领导这种潮流。第四，后期大众具有谨慎多疑的特征。只有在创新方案的不确定性被逐渐减少和消除时，后期大众才会有一种安全感，进而做出接受决策。第五，落后者是传统保守的一群人。由于落后者财力、物力有限，所以对创新通常抱有根本性的抵触态度。

早期采用者与后期大众在年龄上并无明显差别。“与创新性相关的因素主要有社会经济地位、个性及价值观、沟通方式。”④首先，社会地位与创新性成正比。早期采用者所在的组织比后期大众要大得多，投入的资金更多。其次，早期采用者与后期大众相比，具有更强的移情能力、抽象思维能力、推理

---

① 罗杰斯.创新的扩散[M].唐兴通，郑常青，张延臣，译.5版.北京：电子工业出版社，2016：295.

② 罗杰斯.创新的扩散[M].唐兴通，郑常青，张延臣，译.5版.北京：电子工业出版社，2016：24.

③ 罗杰斯.创新的扩散[M].唐兴通，郑常青，张延臣，译.5版.北京：电子工业出版社，2016：298－301.

④ 罗杰斯.创新的扩散[M].唐兴通，郑常青，张延臣，译.5版.北京：电子工业出版社，2016：305.

能力，教条主义倾向较少，更相信科学，抱负更大。最后，早期采用者会更广泛地参与社会活动。

（二）创新扩散的要素

罗杰斯认为，将扩散定义为一个过程，那么这个过程必须满足：某创新在某时间段内通过特定的沟通渠道在某社会体系成员里传播。因此，创新扩散的四大要素分别是：创新、沟通渠道、时间和社会体系。其中，创新是指，当一个观点、方法或物体被某个人或团体认为是“新的”的时候，它就是一项创新。这里讲的创新与它是不是客观上的新，或者说是否为第一次使用关系不大，而取决于个体对它的反应，如果人们认为是新颖的，那就是创新。一项创新的新颖程度可能由其所包含的知识、说服力和人们是否采用它来决定。①

创新的扩散需要关注：“（1）早期和后期大众的区别；（2）创新的认知属性，如其优点、兼容性等因素是加快还是减慢了人们采用它的速度；（3）为什么在‘S’形曲线采用百分比达到10%～20%之间，人际网络开始发力后，采用者数量开始‘起飞’并迅速扩散至大多数。”②当然，不应该假设所有创新的扩散和采用都是好事。比如说机器人的应用，对于规模较小、资金不足的学校而言，使用成本就太高了。或者说，使用机器人并不能带来预期的便利。

一项技术通常包括硬件和软件两部分。其中硬件指的是实现此项技术的物理工具或材料，软件指的是提供给工具的信息。创新决策的过程就是个体信息收集、信息处理的过程，并在此过程中减少创新优劣的不确定性。关于一项创新，人们问得最多的问题是：这是什么样的创新？它是如何工作的？它为什么这样工作？创新会带来什么东西？对我来说，它有什么优势？创新的属性和用户对它的认知决定了创新被采用的速度。③

创新被采用的速度取决于创新的相对优势、兼容性、复杂度、可试性、可见性。“那些用户感觉有明显优势、可兼容的、可试的、可视的、不复杂的创新会扩散得比其他的创新快得多。研究表明，这五个维度是描述创新被采用程度的最重要的特征，特别是前两个因素。”④

---

① 罗杰斯.创新的扩散[M].唐兴通，郑常青，张延臣，译.5版.北京：电子工业出版社，2016：13-14.

② 罗杰斯.创新的扩散[M].唐兴通，郑常青，张延臣，译.5版.北京：电子工业出版社，2016：14-15.

③ 罗杰斯.创新的扩散[M].唐兴通，郑常青，张延臣，译.5版.北京：电子工业出版社，2016：15-17.

④ 罗杰斯.创新的扩散[M].唐兴通，郑常青，张延臣，译.5版.北京：电子工业出版社，2016：19.

20 世纪 70 年代,学者们开始关注再创新的概念。再创新是指创新在用户使用及实现过程中发生的改变或修改。一项创新没有必要在扩散的过程中保持一成不变,采用者也没有必要坚持实现该创新理念的固定模式。很多用户都希望更加个性地使用创新,让它适合自己的实际情况。①

扩散也是一种沟通,所传递的内容是关于创新的。扩散的关键是一个用户会把信息和其他用户分享。这种沟通形式包括以下四个要素:创新,个体或团体知道并体验过此创新,个体或团体不知道此创新,两者的沟通渠道。其中,沟通渠道是指信息从一方传递到另外一方的手段和方法。信息交换双方关系的本质决定了信息源是否能送达采用者及传递的效果。大众传播是最有效的创新信息传播渠道——让受众认识创新。研究表明,大多数人更喜欢通过一些主观的评价信息来评估创新,特别是那些和他们情况相似又采用了此创新的人们。物理和社会地位上的接近都会让同质化交互比异质化交互更加容易,因为它更加有效、更加有益。创新扩散的最大问题是扩散往往都是异质化的沟通。扩散至少需要在某个维度上可以做到同质化沟通,最理想的状态是交互双方在其他变量上同质化,如教育背景、社会经济地位等。②

时间是扩散过程的第三个要素。在扩散研究中的时间维度包括:(1) 创新决策过程,从接触到采用或拒绝创新的过程;(2) 相对体系中其他成员、个体或团体的创新精神,即采用创新的早晚;(3) 某体系中对创新的接受程度,通过用某时间段内该体系成员采用某创新的比例来衡量。③

创新—决策过程指的是个人或决策单位从认知创新到对此创新形成态度的过程,包括采用或反对该创新、执行该创新、确认自己的态度。创新—决策过程包括五个阶段:认知、说服、决策、执行、确认。其中,认知指个人或决策单位接触到某创新并了解其功能;说服指个人或决策单位赞成还是反对该项创新;决策指个人或决策单位拒绝还是采用该项创新;执行指用户使用该项创新;确认指用户确定自己所做的决定,在这个环节,如果用户接收到相反的信息,他可能会做出相反的决定。创新—决策过程会产生两个结果:一是采用创新,并尽量将创新的功效最大化利用;二是拒绝创新,即不采用创新。

---

① 罗杰斯. 创新的扩散[M]. 唐兴通,郑常青,张延臣,译. 5 版. 北京:电子工业出版社,2016:19-20.

② 罗杰斯. 创新的扩散[M]. 唐兴通,郑常青,张延臣,译. 5 版. 北京:电子工业出版社,2016:20-21.

③ 罗杰斯. 创新的扩散[M]. 唐兴通,郑常青,张延臣,译. 5 版. 北京:电子工业出版社,2016:22.

但创新一决策过程可能会发生改变。如果决定阶段出现在说服阶段前，一般是由于权力部门强行要求个体采用某创新。有些人需要数年才采用一个创新，而有些人会迅速接纳并执行。当一个创新一决策由系统而不是个人来完成的时候，这个过程将非常复杂，因为会涉及很多个体。①

采用率可以体现某创新在某体系中的采用程度，而不是个体的采用程度。这里的体系可能是一个组织、一个社区或其他结构的圈子。扩散的很多因素不能单纯地解释成个人行为，体系中的规则和其他体系层面的特征都会直接影响扩散，同时体系里的个体行为也会间接地影响采用率。影响社会体系和扩散过程的因素有：社会结构、社会规则、意见领袖和创新推广人员的角色、创新决策的类型、创新的结果。② 其中，意见领袖可以通过非正式的渠道比较频繁地影响其他人的态度和公开行为。

创新一决策的模式有三种：个人决策模式、意见收集决策模式、权威决策模式。一般来说，后两种会出现在一些组织或机构中，如学校、工厂、政府等。一般来说，最快的扩散模式是权威决策模式。虽然权威决策模式扩散得最快，但是在实施的过程中，体系成员可能会设法绕开创新。③

二、学习结果分类理论

美国著名学习和教学心理学家罗伯特·加涅(Robert Gagné)提出了学习结果分类理论。“在西方心理学中，能力一词有两种英文表示：Capability 和 Ability。Capability 被加涅称为习得的性能。这种能力包括认知、态度和动作技能，习得的性能是学习者在后天的学习或训练中得到的。”④加涅将人类习得的性能(learned capabilities)划分成五类，也就是五类学习结果，包括言语信息、智慧技能、认知策略、动作技能、态度。

(1) 言语信息也被称为陈述性知识，是回答世界是什么的知识，指可用言语表达的信息。言语信息包括名称、符号、事实和原则，它们以单个命题和命题网络的形式储存。为了使言语信息的学习得以发生，言语信息的内容对学

① 罗杰斯. 创新的扩散[M]. 唐兴通，郑常青，张延臣，译. 5 版. 北京：电子工业出版社，2016：22-23.

② 罗杰斯. 创新的扩散[M]. 唐兴通，郑常青，张延臣，译. 5 版. 北京：电子工业出版社，2016：25.

③ 罗杰斯. 创新的扩散[M]. 唐兴通，郑常青，张延臣，译. 5 版. 北京：电子工业出版社，2016：30-31.

④ 吉菁，韩向明. 加涅学习结果分类理论对确定课堂教学目标的启示[J]. 教育理论与实践，2002，22(51)：40-41.

习者必须是有意义的。教授言语信息应将新的信息与学习者原有的知识相联系。言语信息的学习是其他类型学习的基础。

（2）智慧技能是个体运用符号对环境做出反应的能力。智慧技能的亚类包括辨别、概念、规则、高级规则。其中，辨别是指习得的辨别能力；概念和规则指运用概念和规则办事的能力；高级规则指运用简单规则解决复杂问题的能力。中小学生掌握的读、写、算等技能基本上都属于智慧技能。

（3）认知策略也叫策略性知识，在个体的认知过程中起监控作用。加涅认为："认知策略是一种特殊的智慧技能。二者的区别在于：智慧技能是处理外部世界的能力，而认知策略是处理内部世界的能力。"①常见的认知策略有复述策略、精加工策略、组织策略等。

（4）动作技能是人类习得的有意识地利用身体动作去完成一项任务的能力。动作技能的学习的本质就是根据一套预定的规则支配人的身体协调活动。

（5）态度是个体习得的影响个体行为选择的相对稳定的内部反应倾向，包括认知、情感和行为倾向三个方面，其核心成分是情感。态度渗透在一切学习中。

第五节　概念界定

谢弗勒（Scheffler）提出了三种定义的类型："规定性定义（the stipulative）、描述性定义（the descriptive）和纲领性定义（the programmatic）。"②简单来说，规定性定义是用一个概念区分于其他概念的最一般的精简的表述；描述性定义是为了进一步说明概念的具体意义，便于人们对概念的理解；而纲领性定义则表述了一种应然的状态。本研究试图从规定性定义和描述性定义来阐述本研究的核心概念：教师素养、人工智能、ChatGPT、人工智能时代。

---

① 林颖，姚夏倩．从加涅的学生素质观看素质教育[J]．心理科学，2000，23(2)：192－195．

② Scheffler I. The language of education[M]. Springfield, Ill.: Thomas, 1960: 13－16.

一、教师素养

（一）素养

从规定性定义的视角来看，关于素养的界定，叶澜指出："素养是在先天遗传基础上，由后天养育、个体所受的各级各类教育、人生经历、个人已有生命实践累积而成。"①

《辞海》中对素养的解释是："(1) 经常修习涵养。《前汉书·李寻传》：'马不伏历(枥)，不可以趋道；士不素养，不可以重国。'亦指平日的修养。如艺术素养；文学素养。(2) 平素所豢养。《后汉书·刘表传》：'越(蒯越)有所素养者，使人示之以利，必持众来。'"②因此，素养主要靠后天习成。

于光远认为："素养是指人类个体经由平时修养而形成的知识、能力、品德等。"③

综合上述，本研究对素养的界定是：素养是人类个体在先天遗传基础上，经由后天修习而形成的知识、能力、态度。

（二）教师素养

教育领域的诸多概念并不完全统一，甚至有些矛盾。究其原因，正如叶澜的观点，"不同时代背景、价值观念、出发角度，都会导致不同的观点与看法。这些观点和看法有竞争性的，也有非竞争性的"④。然而，这些概念的存在必有其价值，"正是由于各种不同用法相互竞争、相互补充，一些关涉教育的概念才得以继续存在，并组织着我们在这个领域里的思想，使这些思想具有威力"⑤。借用索尔蒂斯(Soltis)的观点，"我们并不缺乏对教育进行的定义，我们需要做的是寻找教育的那个'真正的'定义"⑥。同理，我们并不缺乏对教师素养的定义，我们需要做的是寻找教师素养的那个"真正的"定义。这个"真正的"定义在此理解为本研究所界定的定义。

研究者主要从教师素养的构成要素来对教师素养进行界定。教育部师

① 叶澜."新基础教育"论：关于当代中国学校变革的探究与认识[M].北京：教育科学出版社，2006：360.

② 辞海编辑委员会.辞海(中)[M].上海：上海辞书出版社，1999：3473.

③ 于光远，陈保平.教师素养新论[M].兰州：兰州大学出版社，2001：14.

④ 叶澜.教育概论[M].北京：人民教育出版社，1991：2.

⑤ 瞿葆奎.教育学文集·教育与教育学[M].北京：人民教育出版社，1993：42.

⑥ Soltis J F. An introduction to the analysis of educational concepts[M]. 2nd ed. Reading, Mass.：Addison-Wesley，1978：7－8.

范司对教师素养的界定是,“教师素养主要由知识、能力、情意三部分组成”①。翁朱华认为,“教师素养又称教师专业素养,是对教师作为专业人员的总体要求”②。教师素养的确定、养成和提升与教师专业发展密切相关。叶澜认为,“教师专业素养主要包括专业情意、专业知识、专业技能三个方面”③。

《教育大辞典》中对教师修养(teacher's self-cultivation)的界定是:“教师在思想、道德品质、文化专业知识、教育、教学能力等方面达到的水平及在这些方面的学习和实践过程。”④

西方主要用 quality,即教师质量来表述对教师的要求,欧洲教师教育协会(Association for Teacher Education Europe,简称 ATEE)指出,教师质量不仅包括教师的知识和技能,还包括教师的个人质量(关心、同情心等),以及教师的价值观、态度、身份、信念等。

林崇德等结合理论与实践研究,从心理学角度出发,提出“教师素质就是教师在教育教学活动中表现出来的,决定其教育教学效果,对学生身心发展有直接而显著影响的心理品质的总和”⑤。

借鉴林崇德等对教师素质含义的理论思考,本研究的教师素养的定义应具备以下要求:第一,要体现教师的职业特殊性;第二,对教师素养的界定要有理论基础;第三,要着眼于教育教学活动本身;第四,要从整体观与系统观角度出发;第五,教师素养是动态概念;第六,教师素养不仅具有理论指导意义,也具有可操作性。

综合上述,本研究中的教师素养是指教师专业素养,是从宏观视角来分析不同学科不同阶段教师的共同素养。本研究对教师素养的界定是:教师素养是对教师作为专业人员的总体要求,包括教师的专业知识、专业技能、专业情意三个维度。

二、人工智能

人工智能的最早定义是由美国计算机科学家约翰·麦卡锡(John McCarthy)在 1956 年的达特茅斯会议(Dartmouth Conference)上提出的。“人工智能就

① 教育部师范教育司.教师专业化的理论与实践[M].2 版.北京:人民教育出版社,2003:54.

② 翁朱华.远程教育教师角色与素养研究[D].上海:华东师范大学,2013:12.

③ 叶澜.新世纪教师专业素养初探[J].教育研究与实验,1998(1):41-46.

④ 顾明远.教育大辞典[M].上海:上海教育出版社,1998:706.

⑤ 林崇德,申继亮,辛涛.教师素质的构成及其培养途径[J].中国教育学刊,1996(6):16-22.

是要让机器的行为看起来就像是人所表现出的智能行为一样。人工智能是制造智能机器的科学与技术。"[①]这一定义提出了人工智能研究的最终目标和判断人工智能的标准，被称为全球研究人工智能的起点。专家预测，虽然在通用智能领域人工智能可能还无法与人类智能相提并论，但在特定领域人工智能解决问题的能力可能会超越人类。在教育领域，人工智能推动下的智能教育可以为每位学习者提供个性化的教育服务。

玛格丽特·博登(Margaret Boden)在《人工智能哲学》(*The Philosophy of Artificial Intelligence*)一书中指出，"人工智能是研究怎样制造计算机，并(或)为其编程，使其能够做心灵所能做的那些事情"[②]。这一定义中涉及三个要点：第一，人工智能基于信息技术、电子硬件，是一种机器制造活动；第二，人工智能依托于软件编程，以实现某种或整体的功能性行为；第三，人工智能的模仿对象是自然智能。也就是说，人工智能的目的之一是模仿自然智能运用智能的能力，这与知识积累、逻辑推理有关；目的之二是自然智能的"能动"，这与直觉和常识有关。

约翰·塞尔(John Searle)在其《心灵、大脑和程序》(*Mind, Brains and Programs*)一文中将人工智能分为两种类型："弱人工智能"(Weak AI)和"强人工智能"(Strong AI)[③]。其中"弱人工智能"是将计算机的主要价值视为研究心灵的强有力的工具，可以帮助我们以更严格、更精确的方式对关于心灵假设进行阐述和研究；"强人工智能"不仅是研究的工具和手段，还可以实现心灵的认知状态。

弱人工智能观点认为，不可能制造出能真正地推理和解决问题的智能机器，这些机器只不过看起来像是智能的，但是并不真正拥有智能，也不会有自主意识。强人工智能观点认为，有可能制造出可以独立思考问题并制定解决问题的最优方案、有自己的价值观和世界观体系的智能机器。计算机不仅是用来研究人的思维的一种工具，只要运行适当的程序，计算机本身就是有思维的。强人工智能可以分为两类：类人的人工智能，即机器的思考和推理就像人的思维一样；非类人的人工智能，即机器产生了和人完全不一样的知觉和意识，使用和人完全不一样的推理方式。

---

① McCarthy J. From here to human-level AI[J]. Artificial Intelligence, 2007, 171(18): 1174-1182.

② 博登. 人工智能哲学[M]. 刘西瑞，王汉琦，译. 上海：上海译文出版社，2006: 1.

③ 博登. 人工智能哲学[M]. 刘西瑞，王汉琦，译. 上海：上海译文出版社，2006: 73.

塞尔并不反对作为认知研究工具的人工智能,却不赞同将人工智能与自然智能等同的观点。塞尔提出了"中文屋论证"(The Chinese Room Argument,简称 CRA)思想实验。这一实验以形式与内容、句法与语义的二元对立为依据,指出基于程序的人工智能是纯句法的,不是语义的。从而,不能实现与人类大脑相同的因果能力。

DeepMind 创始人之一沙恩·莱格(Shane Legg)认为,超越人类水平的人工智能将在 2025 年左右出现。

谷歌公司战略委员会成员雷·库兹韦尔(Ray Kurzweil)提出了"奇点理论",他认为 2029 年完全通过图灵测试(Turing Test)的智能机器将会出现,以强人工智能为基础的智能爆炸将会在 2045 年出现。

作为人工智能创始人之一的尼尔斯·约翰·尼尔逊(Nils John Nilsson)于 2009 年在剑桥大学出版社出版了《对人工智能的探寻:思想与成就的历史》(*The Quest for Artificial Intelligence: A History of Ideas and Achievements*)一书,将人工智能分为不同阶段:创立初期、20 世纪 50 年代到 60 年代的早期探索、60 年代中期到 70 年代中期的开枝散叶、70 年代到 80 年代早期的应用及专业化阶段、80 年代以来日益增加的设备以及现代人工智能的现在与未来。①

近年来,有学者拓宽了人工智能的定义,认为"人工智能可以执行认知任务,尤其是通过机器学习、自然语言处理和神经网络等技术创新来开展学习并解决问题"②。刘克松等认为,"人工智能的内涵包括机器感知与模式识别、脑认知基础、知识工程、自然语言处理与理解四个方面,外延则是智能科学的技术应用,如各类机器人及智能交通、智慧城市等"③。

张治、李永智提出了"融合智能"④的概念。郭炯、郝建江认为,"人工智能逐渐与人类智能融合,从而形成人机协同的智能结构,这将改变个体的信息

① Nilsson N J. The quest for artificial intelligence: A history of ideas and achievements[M]. Cambridge: Cambridge University Press, 2009: 3 - 12.

② Zawacki-Richter O, Marín V I, Bond M, et al. Systematic review of research on artificial intelligence applications in higher education-where are the educators? [J]. International Journal of Educational Technology in Higher Education, 2019, 16(39): 1 - 27.

③ 刘克松,程广明,李尧.人工智能概念内涵与外延研究[J].中国新通信,2018(14):140 - 141.

④ 张治,李永智.迈进学校 3.0 时代:未来学校进化的趋势及动力探析[J].开放教育研究,2017,23(4):40 - 49.

加工过程”①。祝智庭等②、朱永海等③则进一步阐述了人机协同智能的具体结构。

本研究强调的是工具意义上的人工智能。结合已有研究，本研究中的人工智能是制造智能机器(硬件和软件)使其做自然智能能做的事情的科学与技术。

三、ChatGPT

ChatGPT是OpenAI开发的人工智能聊天机器人程序，是一个强大的语言模型，是生成式人工智能的代表，于2022年11月30日公开测试。Chat即聊天，GPT(Generative Pre-trained Transformer)即生成式预训练转换器。ChatGPT是一个聊天机器人程序，可以理解人类输入的文字，用文字的形式回答人类的提问。通过强化学习进行训练，根据用户的历史对话，可以实现多轮次的人机对话，自动生成更准确的回复，还可以根据用户的输入，自动提供智能推荐。

ChatGPT引起了世界互联网巨头的人工智能竞赛，谷歌紧随其后发布了Bard，百度也有类似产品正在内测。瑞银的一项研究④显示，ChatGPT在其推出两个月后，就获得1亿名月活跃用户，成为历史上增长速度最快的消费者应用程序。

ChatGPT的横空出世，也引发了教育界学者们的关注和讨论。ChatGPT能否推动人机交互模式从搜索转向对话？这种转向的影响和意义是什么？ChatGPT的支持者认为，“学校应该深思熟虑地将ChatGPT作为一种教学辅助工具，一种可以释放学生创造力、提供个性化辅导，并让学生准备好成年后与AI系统一起工作的辅助工具”⑤。ChatGPT将促进教育变革。Rudolph等

---

① 郭炯，郝建江. 人工智能环境下的学习发生机制[J]. 现代远程教育研究，2019，31(5)：32-38.

② 祝智庭，彭红超，雷云鹤. 智能教育：智慧教育的实践路径[J]. 开放教育研究，2018，24(4)：13-24.

③ 朱永海，刘慧，李云文，等. 智能教育时代下人机协同智能层级结构及教师职业形态新图景[J]. 电化教育研究，2019，40(1)：104-112.

④ Wodecki B. UBS：ChatGPT May Be the Fastest Growing App of All Time[EB/OL].(2023-02-04)[2023-02-14]. https://aibusiness.com/nlp/ubs-chatgpt-is-the-fastest-growing-app-of-all-time.

⑤ Roose K. Don't Ban ChatGPT in Schools. Teach With It. [EB/OL].(2023-01-12)[2023-02-14]. https://www.nytimes.com/2023/01/12/technology/chatgpt-schools-teachers.htm.

认为,“得当地使用 ChatGPT,可以使其在教育领域发挥强大的工具作用”①。ChatGPT 的反对者认为,“ChatGPT 是逃避学习的一种方式”②。

ChatGPT 对学校提出了挑战。人机对话代替人际交往,ChatGPT 被用来代写作业,引发学术道德问题。ChatGPT 对语言教学、人文社科教学尤其是写作教学带来冲击。“ChatGPT 如同过去的其他工具一样,暴露了我们学校教育模式的弱点以及我们改革能力的不足,我们无法超越死记硬背,无法让教育与孩子、社会、未来需求、人生成功等更紧密相连。”③美国纽约教育局禁止学生在校内使用 ChatGPT④。澳大利亚新南威尔士州限制学生设备访问 ChatGPT,昆士兰州明令禁止公立学校使用 ChatGPT⑤。香港大学禁止学生在作业中使用 ChatGPT 或人工智能工具。⑥

四、人工智能时代

2016 年被称为“人工智能元年”,标志着人工智能时代的来临。这一时代的主要特征是人工智能表现出了超强的学习能力。谷歌的人工智能 AlphaGo 战胜了人类围棋选手(围棋是一种策略性的两人棋类游戏,被认为是世界上最复杂的棋盘游戏)。IBM 的人工智能 Watson 做了两件颠覆性的事情:一件是,Watson 花了几秒钟的时间阅读了 2016 年诺贝尔文学奖获得者鲍勃迪伦的作品,然后总结出“你的歌曲反映了两种情绪,叫流逝的光阴和枯萎的爱情”;另一件是,Watson 花十几分钟阅读了 2 000 万页的医疗文献,给

① Rudolph J, Tan S. ChatGPT: Bullshit Spewer or the End of Traditional Assessments in Higher Education? [J]. Journal of Applied Learning and Teaching, 2023, 6(1): 1 - 22.

② Marshall C. Noam Chomsky on ChatGPT: It's“Basically High-Tech Plagiarism”and “a Way of Avoiding Learning”[EB/OL]. [2023 - 02 - 10]. https://www.openculture.com/2023/02/noam-chomsky-on chatgpt.html.

③ McLeod S. ChatGPT in education[EB/OL]. [2023 - 02 - 16]. http://dangerouslyirrelevant.org/2023/02/chatgpt-in-education-webi-nar.html.

④ Elsen-Rooney M. NYC education department blocks ChatGPT on school devices, networks [EB/OL]. [2023 - 01 - 04]. https://ny.chalkbeat.org/2023/1/3/23537987/nyc-schools-ban-chatgpt-writing-artificial intelligence.

⑤ Cassidy C. Queensland public schools to join NSW in banning students from ChatGPT[EB/OL]. [2023 - 01 - 23]. https://www.theguardian.com/australia-news/2023/jan/23/queensland-public-schools-to join-nsw-in-banning-students-from-chatgpt.

⑥ Yau C, Chan K. University of Hong Kong temporarily bans students from using ChatGPT, other AI-based tools for course-work[EB/OL]. [2023 - 02 - 17]. https://www.scmp.com/news/hong-kong/education/article/3210650/university-hong-kong-temporarily-bans-students-using-chatgpt-other-ai-based-tools-coursework? module=live&pg-type=homepage.

出自己的医疗建议，拯救了一位身患重病的日本女性。

从政策层面来看，国家发改委、科技部、工信部等出台了《“互联网+”人工智能三年行动实施方案》，指出“到2018年，在重点领域培育若干全球领先的人工智能骨干企业，初步建成人工智能产业生态，形成千亿级的人工智能市场应用规模”[①]。2017年被称为“人工智能应用元年”，“人工智能”首次被写入政府工作报告中，人工智能进入2.0的发展阶段，从实验室走向“人工智能+”。语音识别、图像识别、无人车、智能家居等已进入人们的日常生活。

本研究中，人工智能时代是指智能机器在多个领域得到广泛应用的时代。

① 国家发展改革委，科技部，工业和信息化部，等. 关于印发《“互联网+”人工智能三年行动实施方案》的通知[EB/OL]. (2016-05-18)[2017-10-28]. http://www.ndrc.gov.cn/zcfb/zcfbtz/201605/t20160523_804293.html.

第一章　技术与人的关系

技术影响了教育中重要的主体“人”这一概念。在一定意义上，“人”将技术与教育紧密联系在一起，通过对已有文献中技术与人的关系的分析，反思技术与教师的关系，从而探讨技术对教师影响的价值判断。关于技术对教育中“人”的影响这一问题的研究，可以从技术哲学的视角来看，也可以从媒介技术学的视角来看，还可以从教育学的视角来看，通过不同视角的分析，可以发现大致有两种观点：一是，技术成为人的延伸；二是，技术导致人的异化。反思技术对教育影响的理性因素，通过分析技术理性的实质，并对技术理性进行批判，从而进一步分析技术合理性的形成。

第一节　技术成为“人的延伸”

人类历史表明，技术的发展史是漫长而复杂的，技术从无到有，从单一到多元，在技术的发展过程中，技术是处于不断变化的过程中的。恩斯特·卡普(Ernst Kapp,1808—1896)在《技术哲学纲要》中,从人类学的角度出发,提出了技术是人类身体的延伸的观点,这种观点被称为“器官投射说”,即将技术的发展看作是人的身体的不断延伸。卡普的器官投影说观点难以说明技术起源的问题,因为,这只是对“形成了的人”及其物化技术形态形成的说明,而难以说明“形成中的人”及其“准技术”形态、动作技能形态等的发生过程。技术作为“人的延伸”的观点,是认为技术是一种工具的观点,这种工具是为了达成人的某些目的。正如“人们通常的观点,是将技术作为一种工具,关于技术的活动则是制作工具的过程,人类对工具的制造与使用也被认为是人区别于动物的重要特征”[①]。从这层意义上来说,技术与人的关系是“器”与“道”的关系。

从媒介学的视角来看,技术作为一种媒介,是人的身体的延伸,一种观点认为技术促进了人的发展。正如麦克卢汉(McLuhan,1911—1980)在《理解媒介:论人的延伸》(*Understanding Media: The Extensions of Man*)一书中,认为技术可能是人类身体的、思想的或者存在的延伸。比如说,衣服是人类皮肤的延伸,住宅也是人类皮肤的延伸,但衣服是更为直接的延伸,而住宅则是相对间接的延伸,这两种延伸都是为了使人能够变得温暖。“技术的发展从机械时代开始,发展到电力时代,再到现在的数字时代,在发展过程中,从最初的技术作为身体的延伸,在小范围的空间内进行,再到后来扩展到更大的范围,人类的中枢神经系统也被延伸了,跨越了空间的限制,在全球范围内形成一种互动,时间与空间的概念被彻底打破。”[②]比如说人工智能的出现,促使技术不仅成为人的四肢的延伸,也成为人脑的延伸,甚至成为整个人的延伸,技术全面进入了人所在的所有领域,这些影响相互作用。

还有观点认为,技术作为人的延伸,反而导致了一种人与社会的疏远。尼尔·波兹曼(又译尼尔·波斯曼,Neil Postman,1931—2003)著有著名的“媒介批评三部曲”:《童年的消逝》(*The Disappearance of Childhood*)、《娱乐至死》(*Amusing Ourselves to Death*)、《技术垄断:文化向技术投降》(*Technopoly: The Surrender of Culture to Technology*)。尼尔·波兹曼认为,人类技术的发展可分为三个阶段:将技术作为工具使用,技术变为一种统治的力量,以及技术成为一种垄断。其中的第三个阶段,“技术成为一种垄断

---

① 李庆臻.简明自然辩证法词典[M].济南:山东人民出版社,1986:7.

② [加]麦克卢汉.理解媒介:论人的延伸[M].何道宽,译.南京:译林出版社,2011:4.

阶段的特征是，除了技术以外的其他因素都成为各种不重要的存在，或者说都失去了存在的意义。技术将所有的既有概念进行了重新的界定，使这些概念适应技术的新要求，因此，在一定意义上，技术垄断意味着一种更加具有极权特征的统治方式”[①]。

另外，尼尔·波兹曼在《娱乐至死》一书中提出，“任何一种媒介技术都有共鸣，因为共鸣就是扩大的隐喻”[②]。不管一种媒介技术原来的语境是怎样的，它都有能力越过这个语境并延伸到新的未知的语境中。由于它能够引导我们组织思想和总结生活经历，所以总是影响着我们的意识和不同的社会结构。它有时影响着我们对于真善美的看法，并且一直左右着我们理解真理和定义真理的方法。在《童年的消逝》一书中，尼尔·波兹曼认为，“在印刷术发明之前，人们的日常交流发生在人与人之间的互动过程中”[③]。形象地来说，那时的人们处在一个大的社会环境中，人与人主要通过口头语言进行交流，甚至连阅读所采用的也主要是一种口语化的模式，人们跟随着其中一个领读者大声地诵读，但这一切在印刷术发明之后发生了变化，印刷术的产生使书籍成为一种日常的阅读物，人们不再需要直接的面对面的口语交流才能阅读，而是更倾向于依赖自己的眼睛，而不是嘴巴。渐渐地，读者成为独立的个体或者说孤独的个体，沉浸在自我的世界，而远离了社会生活。

数字技术时代背景下，技术对人们的生活的影响变得更加深远，技术深入到人们的生活之中，作为一种更加细致的产物与人的身体相连，实现了技术作为人的延伸的精细化。正如罗杰·菲德勒(Roger Fidler)在其著作《媒介形态变化：认识新媒介》(*Media Morphosis*：*Understanding New Media*)一书中提出：“以数字技术为基础的网络将成为人的延伸。”[④]未来，人们将既生活在现实世界，又生活在虚拟世界，网络作为一种沟通渠道成为人们生活的必需品，从电话发明之后，人与人之间的沟通就不再是面对面的交流，而是可以实现远距离的不同空间的虚拟交流，但电话只能传播思想，却不能实现身体的移动。电报的发明，则为人与人之间的交流提供了更多的方便，因为其不仅打破了空间的限制，还打破了时间的限制，但是与此同时也存在一个问题，就是共时性的问题，电报不能实现同步性。网络的产生解决了上述的诸多问

---

① 波斯曼．技术垄断：文化向技术投降[M]．何道宽，译．北京：北京大学出版社，2007：28.
② 波兹曼．娱乐至死[M]．章艳，译．2版．桂林：广西师范大学出版社，2011：18.
③ 波兹曼．童年的消逝[M]．吴燕莛，译．2版．桂林：广西师范大学出版社，2011：37－38.
④ 菲德勒．媒介形态变化：认识新媒介[M]．明安香，译．北京：华夏出版社，2000：147－148.

题,网络提供了这样一个虚拟的环境,可以实现人与人之间虚拟的面对面交流。网络技术作为"人的延伸"是技术发展到一定阶段的产物,此处,网络技术还是一种工具意义上的技术,网络技术所具有的特征是为了满足人的进一步需求。

第二节　技术导致"人的异化"

很多学者都对技术使人异化的问题进行了研究,学者们或从历史的维度,或从社会的维度,或从政治的维度,或从文化的维度等视角展开。其中,马克思(Marx,1818—1883)立足于现实历史性维度,对技术与人的关系问题、技术与社会的关系问题、技术导致人的异化的问题等方面都进行了深刻的洞察。"异化"是马克思著作中的核心概念,贯穿于《资本论》《1844 年经济学哲学手稿》《德意志意识形态》等著作中。在《1844 年经济学哲学手稿》中,马克思基于哲学人本主义的立场,提出了"异化劳动"理论,提出了人的异化的问题。"马克思认为,技术是生产过程中所运用的工具和手段,从而影响了生产关系与生产方式,以致影响了作为意识形态的哲学,另一方面,哲学对技术也有能动作用。"[①]显然,马克思的技术观是站在社会批判的角度上对技术的分析,这种分析是辩证的,既不是全然地接受技术,也不是完全地否定技术,而是试图对技术进行扬弃与改造。甚至说,"马克思对技术的观点不是对技术本身的批判,而是对与技术相关的社会的批判"[②]。马克思明确地将技术异化的根源归之于资本主义制度。马克思的观点为当前的技术研究提供了一种辩证唯物论的理论视角,并从社会批判的视角揭示了技术异化导致的"人的异化"问题。

从现象学的视角来看,技术使人执著于一些符号形式的表达,过于看重现象背后的理性符号,而忽视了自然的意义,使人远离了自然世界,从而导致了人的异化。胡塞尔(Husserl,1859—1938)在《欧洲科学危机和超验现象学》

---

① 乔瑞金.马克思技术哲学纲要[M].北京:人民出版社,2002:47-48.

② 米切姆.技术哲学概论[M].殷登祥,曹南燕,等译.天津:天津科学技术出版社,1999:43-44.

(*The Crisis of European Sciences and Transcendental Phenomenology*)一书中,以批判实证主义科学观来揭示科技异化的实质和根源,认为科学家以数学为一般性的工具,将一切都转化为能以符号、公式、计算等数学形式表达的东西,结果生动丰富的自然被数学化,这使人远离了真正的自然。“数学作为一种技术的力量将自然物数学化,并赋予其新的意义。用形式逻辑的形式表述实质的数学,以及那种扩展了的形式逻辑发展成为自身完备的纯解析学或集合论,这是一个完全合理的、必然的过程。”①同样,技术化时常导致完全在技术的思想中迷失自己,这成为一种非常自然的过程,但是,所有这一切能够并且必须成为一种完全自觉地被理解和被实践的方法,则需要赋予这种用数学来解释世界的方式以意义,与此同时,还需要使数学的自然科学从那种对以上这些问题不加提问的传统中解放出来。进一步说,技术危机的实质是人性危机,技术带来的工具理性使哲学远离了生活世界以及人的世界,而被科学化、客观化。因此,胡塞尔提出应该使哲学回到生活世界,重建完整理性,从而在根本上解决技术异化所带来的人的异化的问题。

从文化学的视角来看,技术作为一种工具的概念,对社会文化也产生了影响,从而形成一种技术文化,或者说是一种机械文化。斯宾格勒(Spengler,1880—1936)在《人与技术:对生命哲学的贡献》(*Man and Technics: A Contribution to A Philosophy of Life*)一书中提出,“技术不仅是指物质的技术,而且还包括社会的技术,技术的外延是广义的,但无论如何,技术是一种有目的的活动,是反自然的,是人们与周围环境相对抗的重要工具与手段”②。技术的发展会使人类的生活变得越来越智能化。与此同时,斯宾格勒认为,“西方文化是一种‘浮士德文化’或‘机械文化’,也就是一种发展极致的技术文化,‘浮士德文化’的产生是由于人的动物性(为了生存)的一面,以及人的神性(为了美好的生活)的一面,而如今这种‘浮士德文化’患了一种机器病。作为一种内在‘腐蚀’的文化,人不再是一种主人的身份,反而被机器所控制,被机器所奴役”③。另外,在《西方的没落》(*The Decline of the West*)一书中,斯宾格勒洞察到技术对人的压迫,他认为“机器成为折磨人的存在,不断地对人施加着各种压力,人性在机器的压迫下越来越变得模糊”④。机器的存在形

① 胡塞尔.欧洲科学危机和超验现象学[M].张庆熊,译.上海:上海译文出版社,2005:61-62.
② 斯宾格勒.人与技术:对生命哲学的贡献[M].董兆孚,译.北京:商务印书馆,1937:32.
③ 斯宾格勒.人与技术:对生命哲学的贡献[M].董兆孚,译.北京:商务印书馆,1937:71.
④ 斯宾格勒.西方的没落[M].张兰平,译.西安:陕西师范大学出版社,2008:330.

成了一个特殊的作用场，这个场所产生的力如同一张大网，将人们遮蔽起来，人们越来越难以发出原有的声音，车轮、转轴和杠杆不再有声，所有重要的东西都藏在内部，人越来越感觉到机器像魔鬼一样萦绕在生活的周围，人开始成为被奴役的对象。斯宾格勒从文化的视角对技术进行了开创性的解读，肯定了技术存在的必要性，而研究的局限性则在于带有一些悲观主义的色彩。

有不少学者的观点与斯宾格勒的观点是一致的，都认为技术引发了西方的各种危机。比如雅斯贝尔斯（Jaspers，1883—1969）在《什么是教育》（*Was ist Erziehung*）一书中指出，“技术的闯入震撼了人存在的根基，引起了西方世界最深层的破裂，在那里人人都体验了破裂的痛苦”[①]。他认为技术是引发西方危机的一种重要因素，但是，因为技术是西方在其精神展开中所创造出来的，其破裂依然是处在它所从属世界的连续性中。然而，对于所有其他的文化而言，从外面而来的破裂就是一种灾难，再也不能从陈旧的构造中延续下去。伟大的民族如印度和东亚都和西方一样，都在面临着这个基本的问题，这些民族在技术文明的世界里必须转变社会条件，否则就会走向没落。雅斯贝尔斯在其宏大的“轴心”理论框架下对科技异化进行了分析，他认为，人类历史可以划分为四个时期，其中人类文明的轴心期是在公元前600年至公元前300年间，“轴心期”过后人类进入了技术时代。这一时代是人类的转折期，其时代特征是技术表现出“双刃剑”的功能，既给人类生活带来了很多机会，同时也带来了各种危险，逐渐使人成为机器的奴隶，失去了生活的乐趣。因此，应该超越科技异化，重视“思”而否定实证主义，恢复技术的人性。

启蒙运动之后，理性成为至高无上的存在，理性与知识的结合使技术成为影响社会各个方面的重要因素。霍克海默（Horkheimer，1895—1973）和阿多诺（Adorno，1903—1969）在《启蒙辩证法》（*Dialectic of Enlightenment*）一书中以艺术这种文化现象为典型，批判了工业社会中所存在的技术异化的问题，把人和自然关系异化的根源归结为启蒙理性，把科学等同于技术。在当代西方技术理性日益盛行的条件下，自然屈从于技术理性，成为异化于人的对象。“理性的力量成为人类战胜自然的重要力量，人类利用包罗万象的知识对自然进行解读、改造，人类朝着逐渐理性化的方向发展。”[②]启蒙运动将理

① 雅斯贝尔斯．什么是教育[M]．邹进，译．北京：生活·读书·新知三联书店，1991：137．
② 霍克海默，阿多诺．启蒙辩证法[M]．渠敬东，曹卫东，译．上海：上海人民出版社，2003：2．

性和知识归结为技术，认为技术既是控制自然的工具，同时也是控制人的工具。启蒙理性一方面以理性和科学反对无知和迷信，一方面用理性追求对自然加以统治，控制人类生活，技术成了强大的统治力量，不仅是实现人战胜自然的工具，也是实现人对人统治的工具，具有意识形态的功能，导致了文化与社会的堕落。同样地，芒福德(Mumford，1895—1990)也持有类似的观点，他认为，自哥白尼以来，由于人们崇信理性和秩序，追求数学化、数量化、机械化和自动化的普遍化和绝对化，追求单一的技术理性，技术的单一化程度变得日益明显和突出，而人的情感、意志等则被排除在外，这种技术越完善，机器作为一种毁灭人性的技术就日益发展起来，这也就进一步加深了技术对人的异化的作用。因此，芒福德提倡应该以一种民主的技术形式取代过去单一的技术形式，从而实现技术、人、社会的协调与可持续发展。

有社会批判理论研究者认为，技术使人成为一种异化的存在表现为技术对人的奴役方面，持此观点的学者有马尔库塞(Marcuse，1898—1979)等，他分别在《爱欲与文明》(*Eros and Civilization*)和《单向度的人：发达工业社会意识形态研究》(*One Dimensional Man: Studies in the Ideology of Advanced Industrial Society*)中分析了技术的进步没有使西方人走向自由和解放，反而使人们陷入了技术的奴役之中。在《爱欲与文明》一书中，马尔库塞提出了两个关于压抑的不同概念，一个是必要的压抑，一个是额外的压抑，通过对两种压抑概念的分析，马尔库塞试图建立起非压抑的文明形式，但实际上，技术的进步却阻碍了这一进程的实现。“现行的压抑主要是一种额外的压抑，这种压抑不但不是来源于劳动的需要，而是一种统治权力的施加。”① 在《单向度的人：发达工业社会意识形态研究》中，马尔库塞则把分析科学技术的政治功能作为分析晚期资本主义社会的理论出发点，他指出，科学技术已经成为维系资本主义社会政治统治合法性的意识形态工具。马尔库塞将真实的需求与虚假的需求进行对比，以此来说明技术作为一种意识形态的存在。“真实需求是一种人可以支配的需求，而虚假需求则是人无法支配的，真实需求包含物质和精神两个维度，虚假需求是被一定的利益集团所施加的，虚假需求带来了压抑、剥削等负面影响。”②马尔库塞认为，技术作为一种控制人的意识形态，使人成为生产和消费的奴隶，因此，技术再也不具有“中立性”

---

① 马尔库塞.爱欲与文明[M].黄勇，薛民，译.上海：上海译文出版社，2005：112.

② 马尔库塞.单向度的人：发达工业社会意识形态研究[M].刘继，译.上海：上海译文出版社，2006：6.

的特点。技术剥夺了人的批判意识，造就了单面的人和单面的社会。

技术成为一种意识形态的存在，不断地对人进行控制，使人逐渐丧失了自然性，成为一种物的存在。正如哈贝马斯（Habermas，1929— ）在《作为“意识形态”的技术与科学》（*Technology and Science as Ideology*）一书中指出的，科学技术在当代西方社会出现了两种发展趋势：“首先，各个西方国家努力采取多种举措，以此来保障资本主义国家的稳定；其次，科学与技术对人们的日常生活的影响越来越大，这两种趋势密切联系在一起。”[①]哈贝马斯进一步认为，根据目前的情况而言，马尔库塞对技术作为一种意识形态的分析，为解释当下的两种趋势提供了一个新的视角。技术与资本主义制度两者之间互相成为对方的辩护者，维护着对方的利益，使对方都成为合理性的存在。与此同时，技术逐渐成为一种统治的力量，技术异化了，人被奴役了，人的精神性被消解了，人逐渐成为一种物的存在，人被物化了。

从未来学的角度来看，学者们对技术的应用持有一种悲观的态度。奥尔利欧·佩奇（Aurelio Peccei，1908—1992）在《未来的一百页：罗马俱乐部总裁的报告》（*One Hundred Pages for the Future：Reflections of the President of the Club of Rome*）一书中，认为对技术的发展不应抱有一种乐观的心态，虽然技术进步促进了人类社会的发展，但实际上技术的应用目的是服务于统治阶级的利益与目的的。另外，“技术本身是存在诸多问题的，人们对技术的运用超出了一定的界限，技术被过度使用了”[②]。佩奇关于技术的观点是悲观的，他忽略了技术本身与技术应用之间的差别，这种悲观的技术观认为技术导致了“人的异化”，因此，应该限制技术的使用。

伴随技术逐渐成为一种具有自主性的存在，技术使人异化的过程经历了几个阶段，技术逐渐从一种物的单一存在，转变成一种整体的系统存在。埃吕尔（Ellul，1921—1994）在《技术系统》（*The Technological System*）一书中，从社会学的角度研究了现代技术的特征和功能，描述了科技异化的现象。他认为，“我们已经进入了一种技术的社会中”[③]。系统化了的技术将技术本身看作一个权威，表现出明显的自主性，不再按人的意愿而是按技术固有的内在逻辑发展，技术成为评判一切的标准。埃吕尔得出这样的结论：技术成了

---

① 哈贝马斯.作为“意识形态”的技术与科学[M].李黎，郭官义，译.上海：学林出版社，1999：58.

② 佩奇.世界的未来：关于未来问题一百页[M].王肖萍，蔡荣生，译.北京：中国对外翻译出版公司，1985：23.

③ Ellul J. The Technological System[M]. New York：Continuum，1980：65.

社会的决定因素，它决定着社会的政治、经济，同时，技术为人营造了独特的生存环境即技术环境，社会进入了技术化的社会。埃吕尔强调，在技术化社会中，人成为技术的附属，以技术为行为准则和价值规范，以技术进步为最高目的。技术使人的自主性逐渐减少，以至于使人成为一种物的存在，具有一定的技术属性，人被异化了。埃吕尔对技术化社会表示极大的担忧，在他看来，技术不会停滞或减慢其步伐，而会加速发展，他对人类是否能摆脱技术困境持消极的态度。

技术由于本身的原因而产生了技术异化的问题，这一问题在当代表现得越来越显著，尤其是表现在技术异化对人的异化的影响方面。弗里德里希·拉普（Friedrich Rapp，1932—　）是现代西方著名的技术哲学家、技术社会学家，在其代表作《技术哲学导论》（*Introduction to Philosophy of Technology*）一书中，他认为，"技术在带来诸多成果的同时，也带来了种种的不良后果"①。另外，唐·伊德（Don Ihde，1934—　）认为，"必须从当下的技术环境入手，反思技术世界的新问题"②，并进一步提出了"从现象学的视角来看技术的问题"③，以此提出对技术进行批判的新观点。

综上所述，有学者立足于社会中的人、人性，较深入地分析和说明了技术异化的种种现象，但未能触及人和人性背后的社会，未能找到克服技术异化的有效途径；有学者分析了技术在当代资本主义社会的新功能，批判了技术作为资本主义社会的政治统治工具及其负面影响，但把技术的功能绝对化，片面强调技术对社会的消极作用，忽视了技术的积极意义；有学者以人与自然的关系为切入点，对技术持悲观主义态度，引发了西方发达工业社会的现实生态运动和生态理论思想；有学者在深入分析技术的特点和实质的基础上，揭示了技术异化的表现和根源，但片面强调技术对社会的决定功能，忽视了人和社会对技术的影响，无法找到解决技术异化的有效途径。现代人类社会面临的重大问题都与技术密不可分，以上思想流派和思想家，无论其理论重心是什么，都围绕着技术异化的问题，分析中都有其精辟之处，但大多数思想家限于所处时代的背景，未能全面地对技术异化的问题加以分析。

---

① 拉普.技术哲学导论[M].刘武，等译.沈阳：辽宁科学技术出版社，1986：150.

② Ihde D. Philosophy of Technology，1975—1995[J]. Society for Philosophy and Technology Quarterly Electronic Journal，1995，1(1)：8-12.

③ Ihde D. Postphenomenolog-essays in the postmodern context[M]. Evanston，Illinois：Northwestern University Press，1993：119-142.

第三节　技术理性及技术合理性

反思技术对教育影响的理性因素，通过分析技术理性的实质，并对技术理性进行批判，从而进一步分析技术合理性的形成。雅斯贝尔斯在其著作《时代的精神状况》一书中有这样的观点："今天，人们把人类生活就是在技术进步的帮助下由合理化的生产来满足大众需求这一观点看作是理所当然的。这个结论背后存在这样的假定，即将人类对世界的理解认作一个整体，技术的进步带来社会的进步被看作一种自然的存在，或者是一种合理的存在，然而，面对当下存在的不确定性可能，我们需要做的是反思人们的这一想当然的观点。"[①]从技术埋性的视角反思技术对教育的影响，为本研究提供了一个新的看问题的方式，也为教师对技术所持态度以及应持态度提供了一种解释，从而可以为我们提供一种分析技术时代技术对教育影响背后的理性因素。

一、技术理性的实质

技术理性的生成与理性的概念密切相关，要理解技术理性，则首先要对理性有一个清晰的理解。对理性的理解，从本体论的视角出发，将其与对世界本体的理解联系在一起；从人性论和认识论的视角出发，将其与对人的能力以及人性的理解联系在一起。具体来说，一方面，从本体论角度来说，理性是指传统理性，是一种绝对的理性主义。柏拉图提出了传统理性的概念，认为理性是脱离于人的一种绝对精神；亚里士多德进一步强化了柏拉图关于理性的观点，认为理性是人的品格最重要的部分；黑格尔将理性主义发挥到了极致，认为理性是世界的主宰，理性的最高形式是绝对精神，人类、自然、社会只是绝对精神的外化形式。另一方面，从人性论和认识论的角度来说，理性则指人的本性和一种特有的能力。这种理性可被称为"启蒙理性"，不仅将人与动物区分开来，而且将人性与非人性区分开来，是人的一种独立思考的能力，这种能力与正义、自由、人性密切相关。

---

① 雅斯贝尔斯.时代的精神状况[M].王德峰，译.上海：上海译文出版社，1997：28.

18 世纪发生的工业革命和启蒙运动，对科学技术有着重要的影响作用。工业革命的发生，促使科学运用到实际的生产中，从而推动了技术的发展，工人被机器取代，从而转变了资本主义生产方式与生产关系。启蒙运动的发生，则从思想领域对神学与封建专制进行了批判，传播了科学精神与科学知识，理性成为衡量一切事物的标准和准绳。牛顿的万有引力定律为人们提供了一种理性的规则，“然而，人们试图将牛顿的方法应用到整个自然科学中，甚至将其应用到伦理学中，并认为理性可以解决一切问题”①。整个社会充满着理性规则，通过对规则的掌握，人们可以控制自然，甚至可以主宰一切。

技术与理性结合在一起，从而使理性可以通过客观的物质形态得以呈现，这种客观的物质形态就是人类的实践活动，比如说劳动手段、技能体系等。理性的力量在人对自然的控制过程中、工艺设备的使用过程中体现得淋漓尽致，因此，关于技术的活动是人类理性活动的外在物化形态，以客观物质的形式体现了人类的理性的形态和结果。在社会实践活动中，技术与人类理性相互作用在一起，从而扩大对自然环境的控制，在此过程中，“为了提高效率，降低成本，并能达到既定的目的，人们需要求助于理性的力量，求助于一些相关的知识”②。技术是理性的产物、是理性的技术，基于理性的形式确定下来的技术思维，将导致理性走向片面化，从而逐渐成为一种技术的理性。19 世纪以来，科学技术不断深入社会的各个领域，认识理性不断被人文理性所替代，实践理性不断被科学理性所替代，甚至人文理性不断被科学理性所替代，更有学者认为科学知识应该是辨别一切真伪的唯一标准。

马克斯・韦伯将理性划分为工具理性与价值理性，并认为资本主义工业化生产以及以此为基础的资本主义社会都是工具理性的结果。马尔库塞基于马克斯・韦伯对理性的划分，进一步将理性划分为技术理性和批判理性，并指出批判理性与马克斯・韦伯的价值理性相对应，具有批判的、实践的特性，是指向目的的；技术理性则与马克斯・韦伯的工具理性相对应，是基于工具理性的技术的物化，注重技术的使用目的，认为技术已成为社会统治的工具，并是一种意识形态的存在。在《单向度的人：发达工业社会意识形态研

---

① 贝尔纳. 科学的社会功能[M]. 陈体芳，译. 北京：商务印书馆，1986:63.

② 巴伯. 科学与社会秩序[M]. 顾昕，等译. 北京：生活・读书・新知三联书店，1991:63.

究》一书中，马尔库塞认为前技术阶段与技术阶段拥有一些共同的基本概念，这些概念是关涉人和自然的。前技术理性不仅是一种理论理性，还是一种实践理性，前技术理性确定了万物的本真，而发达工业的成就导致了单向度的产生，稳定的趋势与肯定性思维，以及理性的破坏性要素和否定性思维，形成了相互之间的冲突与矛盾。

回溯到柏拉图提出的辩证逻辑与亚里士多德提出的形式逻辑的对比中，亚里士多德在《工具论》中提出，"当事物虽然具有共同的名称，但所相应的定义是不同的，则被称为'同名异义'，比如真实的人和图画的人，都被称为'人'，虽然他们有一个共同的名称，但定义却是不同的"①。亚里士多德提出了形式逻辑的概念，并认为知识是不同概念的联结，此后，真理与现实被割裂了，抽象概念和数学运算建立了一种技术理性的思维方式；自然等实存物被解释成为数学的一些符号运算，技术理性逐渐代替前技术的理性。

马尔库塞认为，"形式逻辑试图为思维规则提供普遍有效性"②。通过对亚里士多德形式逻辑的分析，马尔库塞认为，技术理性是一种肯定性的思维方式，同时也是一种单向度的思维方式。技术理性具有以下特征：首先，技术理性是在形式逻辑、数学、工具理性等基础上形成的；其次，技术理性以形式化和定量化作为知识及实践的标准，依据自然科学来衡量知识；再次，技术理性将一切都理解为工具，关注于功能操作等实用目的；最后，技术理性将事实与价值严格区分，具有工具主义与意识形态的特征，马尔库塞揭示了从前技术理性到技术理性的转化过程。

二、技术理性的批判

通常情况下，一般的观点都是谴责技术社会所表现出的权威主义的管理、盲目的生产与消费。社会批评家宣称，技术理性和人类的价值在争夺现代人的灵魂。然而，技术对教育带来的种种问题需要追问蕴含在技术之中的技术理性，忽视这一事实的改革将会失败，这包括像简化的生活方式或精神复兴之类的思路。尽管这些都是值得尝试的，但是在一个为了生产而牺牲众多社会成员和剥夺他们在社会生活的每一方面的权利的社会中，根本性的进步是不可能发生的，一个好的社会应当扩大其成员的个人自由，同时能让他

① 亚里士多德. 工具论[M]. 李匡武，译. 广州：广东人民出版社，1984：10.

② 马尔库塞. 单向度的人：发达工业社会意识形态研究[M]. 刘继，译. 上海：上海译文出版社，2006：124.

们有效地参与范围广泛的公共事务。在最高层次上，公共生活包含有关它对人类意味着什么的选择，现今的这些选择逐渐以技术决策为中介，人类是什么和将会变成什么不仅取决于政治家的行为和政治运动，而且也取决于我们的工具的形态。技术究竟只是一种简单的工具，抑或是影响我们社会文化生活方方面面的具有自主力量的系统？技术是负有价值的，抑或是价值无涉的？技术是中立的，抑或是自主的？技术是可控的，抑或是不可控的？对这些问题的回答，都影响着我们应该如何来对待技术，在技术充斥着整个社会的今天，一种对技术的清醒反思会在最大程度上帮助我们来面对眼前的选择。

科学技术将理性推到了至高无上的高度，人们认为技术理性能为自己的生活带来巨大的改变，相反地，人们对技术理性的过度关注、对技术的滥用，导致了各种无法控制的严重后果。无论是生存的外部条件，还是个人的内心世界，人类都面临着巨大的挑战，由此，人类产生了对技术理性的信任危机。相当一批崇尚人文理性的学者开展了对技术理性的一系列批判研究，这些批判的视角涉及社会层面的批判、政治层面的批判、哲学层面的批判，以及文化人类学层面的批判等等。

从社会政治层面，马克思对技术理性进行了批判。马克思揭示了技术对工人的控制，认为技术导致了人的异化，马克思提出了“异化劳动”的概念，认为异化劳动不仅包括工人与技术产品之间的异化，还包括技术活动自身的异化，技术活动使得人的自觉自愿的活动变成了被迫的活动，工人不再具有自身的价值。马克思关于“异化劳动”的观点，体现了对技术的批判，以及对技术理性的批判，马克思通过批判技术来批判技术所处的社会形态，即对资本主义社会的批判，以及与此相关的经济制度，即对私有制的批判，因此，马克思的技术批判首先是关于技术的社会批判，“揭示人与人之间，以及人与自然之间的矛盾关系”①。马克思从社会历史的角度出发，考察现实的物质生活，提出了“异化劳动”理论，并在此基础上建立了技术批判理论，马克思的技术批判主要从经济学哲学的视角，揭示了技术对自然的影响、技术对工人的影响，将人的异化归结为劳动的异化问题，以此提出了对异化劳动的扬弃。

从哲学层面，海德格尔通过追问技术的本质，对技术理性进行了批判，在《技术的追问》一书中，海德格尔对技术的本质展开了论述。他认为，“技术不同于技术之本质，正如要寻找一棵树的本质不是在树林里的树木中的树，以

① 管锦绣.马克思技术哲学思想研究[D].武汉:武汉大学,2011:37.

此类推，技术的本质也不是在日常的技术里能找到的技术，传统的观念认为技术是一种合目的的工具，其中包含两重含义：一是技术是工具，二是技术要合目的"[①]。技术的工具性观念体现了人们对技术的控制，然而，要获得技术的本质，需要追问工具性背后的原因。海德格尔认为，在现代社会，技术成了人的生存方式，技术的本质以具有强求性、统治性特征的"座架"(Gestell)替代了人们一般所理解的"人的活动工具和手段"，技术成为人所不能驾驭和控制的强大力量，这主要表现在两个方面：一是技术使人误以为自己是自然界的主宰；二是技术使人的思维能力衰退了，人失去了存在的意义及其本性。海德格尔希望能通过唤醒人的沉思意识和能力来反省技术本身以及涉及技术的活动，从而解决技术理性所带来的各种问题。对此，海德格尔还是乐观的，正如危险所在之处必有解救之道，通过一种追问的方式，试图探寻解决问题之道。

斯宾格勒在其著作《西方的没落》中，认为"生活把思想当作一种'芝麻开门'的咒语来使用，在多种文明的顶峰上，在大城市中，技术鉴别因为苦于成为生活的奴仆而自行变成暴君的时刻终于来到了。西方文化，甚至直到现在，还在饱尝着这种无拘无束的思想的放纵行动，并且达到了一种悲剧的程度"[②]。最终，文化的终结将指向文明，技术不过是物化的文化。斯宾格勒认为，技术对人类而言是一种生活的工具，这在一定意义上与动物的本能相类似，其中的不同在于，人的技术活动是一种基于"心灵"的活动，以观念为基础，"机器效力于过程，过程背后的观念决定了工具的使用，比如说交通工具是由'载运'的观念而来，而非'火车'概念而来"[③]。斯宾格勒认为，人的技术行为是在理性的指导下进行的，以一种技术的观念存在，人对技术具有能动性，但斯宾格勒同时也强调，虽然人是技术的创造者，但并不意味着技术对人的影响一定是积极的、一定是造福于人类的。相反的，自技术产生之日起，就注定了其悲惨的命运，技术是人以一定的目的为前提所进行的活动，这种活动是为了实现人类对自然的控制，然而，在人与自然较量的过程中，自然最终会取得胜利。斯宾格勒认为，技术理性和人文理性是西方工业文化的两大精神支柱，由于人们对技术理性的推崇，出现了各种负面效应，人们借助实验等

① 海德格尔.技术的追问.海德格尔选集(下)[M].孙周兴，选编.上海：上海三联书店，1996：924-954.

② 斯宾格勒.西方的没落[M].张兰平，译.西安：陕西师范大学出版社，2008：328.

③ 斯宾格勒.人与技术[M].董兆孚，译.北京：商务印书馆，1937：9.

科学研究方法去认识世界并解释世界，对自然展开了掠夺性的统治，与此同时，技术反过来又对人进行折磨与控制，技术不再是奴仆而变成暴君，将人奴役。

三、技术合理性的形成

技术已深入人们生活的方方面面，是人们社会生活中一种不容小觑的力量，技术的发展也是不可逆转的。在这样的背景下，我们无法抛开技术来谈问题，因此，探讨技术合理性的问题变得极为重要。通过对这一问题的分析，试图化解技术理性对人的控制，在技术社会中实现人的回归，重建技术与人的良好互动关系。为了实现技术的合理性，需要对技术进行批判性的反思，在技术中融入一种新的价值观，摆脱技术的功利性与工具性，从而将技术作为一种工具和手段，实现人类的全面发展。要克服科学主义对技术理性的片面追求，以及人文主义对人文理性的片面追求，实现技术合理性，需要站在马克思辩证论的立场上，使技术理性与人文理性相统一、工具理性与价值理性相统一。

技术理性作为工业社会的一种统治形式，究其原因，是与技术理性所呈现的工具性相关。正如马尔库塞的观点，“从技术本身以及技术的应用角度来说，技术理性这个概念都可能是意识形态的，是一种科学的、有计划的、可靠的对自然和人的控制，这些关涉利益的统治目的并非外在地强加于技术，而是存在于技术的自身之中”[①]。马尔库塞提出，技术作为一种意识形态的力量，在政治、经济、文化领域发挥作用，技术的合理性是指统治的合理性，整个社会成了单向度的社会。从经济领域来看，技术进步似乎消除了阶级差异，技术可以满足统治阶级和普通民众观看同样的电视节目，尤其是从物质需求的满足的角度来看，技术看似促进了人与人之间的平等关系，但阶级并未消失，伴随社会财富的增加，人们被奴役的程度也在与日俱增；从政治领域来看，技术是政治控制的最好手段，政府通过鼓励提高生产率，巩固现存的统治制度，促成了极权社会的形成；从文化领域来看，技术进步不断满足个人的需求，使人们逐渐失去独立思考和判断的能力，失去批判的意识，而单纯为了适应社会的现有状况，接受一种被统治的命运，从而成为单向度的人。

哈贝马斯以主体性为前提，提出了主体间性的概念，他认为主体性强调

---

① 马尔库塞．现代文明与人的困境[M]．李小兵，等译．上海：上海三联书店，1989：106．

的是主体对客体的认识与控制，体现了以自我为中心的占有性，主体间性则强调的是主体之间的理解与交流，体现了以交互主体为中心的交互性与一致性。哈贝马斯提出，主体间性的哲学基础是交往理性，“其研究焦点从认识工具合理性转移到了交往合理性”[①]，技术不超越边界，在自身的应用范围之内作用，则是合理的。哈贝马斯认为人类的社会文化发展模式由两个因素决定，一是人支配技术的权力，一是制度对理性活动的被动适应，两种社会文化发展模式体现了技术作为生产力和意识形态的双重性。技术理性成为统治性的力量，是由于技术超出了其应用范围而过多地干涉了人类的生活世界，解决这一问题的关键是“需要从政治的、社会的视角重新审视技术，将技术与人结合起来进行讨论”[②]。这就是说，不仅要从技术作为工具的角度入手进行调节，而且要深入技术作为一种意识形态的力量对社会制度的形成过程的交往层面进行调节。

从文化人类学的层面，盖伦提出技术合理性的形成应该基于对人的心灵的回归。盖伦认为技术起源于人与自然的斗争过程，技术发展分为三个阶段：工具阶段、机器阶段和自动化阶段。首先，在工具阶段，“器官代替和器官强化原则协同在一起，比如用石头打人来代替赤手打人要更有效，显微镜扩大了人的可视范围，电话扩大了人的声音的传播距离”[③]。盖伦认为，工具产生于人类通过对自己劳动的客体化，这背后蕴含的法则是人类对省力化的追求。其次，在机器阶段，随着技术的发展，技术对身体器官的延伸功能已经渐渐超出身体的范围，延伸到无机的层面，一方面，由有机物到人造物，另一方面，有机的能源取代非有机的能源，技术的思维正在逐步强加于一些非技术的领域。最后，在自动化阶段，技术的进步使得人们各种行为趋于格式化的行动，人的思想和行为成了一种自动化的惯性，在技术高度发达的社会，人的一切行为都在人类社会这个大机器中趋于一致，技术理性将人的个性抹杀了。最初人类出于生存的本能借助于技术的力量，并促进技术的发展，再到迷恋上技术，甚至说是受控于技术，失去了人的本性，技术作为一种工具的力量，从最初的造福于人，变为后来的对人的控制，人性被技术理性所约束。盖伦认为，自启蒙运动之后，理性促使人们不断地探索，并确立了人在社会中的

---

① 哈贝马斯. 交往行动理论(第一卷)[M]. 洪佩郁，蔺菁，译. 重庆：重庆出版社，1994：498.

② 哈贝马斯. 作为“意识形态”的技术与科学[M]. 李黎，郭官义，译. 上海：学林出版社，1999：95.

③ 盖伦. 技术时代的人类心灵[M]. 何兆武，何冰，译. 上海：上海科技教育出版社，2003：3.

主体地位，然而，随着技术的飞速发展，技术理性逐渐成为一种主导的力量，控制人的行为，使人成为一种物的存在。为了重塑人与技术之间的关系，需要回归人类的心灵，使技术服从人的需求，因为心灵对技术有决定性的作用。

当代美国著名的技术哲学家安德鲁·芬伯格[①]（Andrew Feenberg，1943— ）师从马尔库塞，是新一代法兰克福学派的重要代表人物之一，明确提出了技术批判理论，从社会建构论的视角来研究技术问题。芬伯格认为，已建立的技术理论包括三种：工具理论（instrumental theory）、实体理论（substantive theory）和技术批判理论（critical theory of technology）。工具理论是当下在政治领域政府制定政策时所依据的主要理论；实体理论则是关注于技术作为一种自主的实体的理论，代表人物有埃吕尔等；技术批判理论是对技术展开系统批判的理论，代表人物有马尔库塞、芬伯格等。技术批判理论从批判理论的视角说明技术不仅在设计过程，而且在应用阶段都表现出一定的社会价值。

工具理论认为技术是工具，技术是中性的，技术是不负载价值的，这是人们通常对技术所持的观念，工具理论未讨论技术价值的问题。人们对技术的中立性的理解一般有四种不同的观点：首先，人们认为技术只是一种工具手段，人们对技术的使用是没有目的的，是偶然的；其次，人们认为技术是与政治因素无关的，一张桌子就是一张桌子，一辆汽车就是一辆汽车，一台电脑就是一台电脑，工具的使用情况与所处的社会形态没有关系，技术在任何社会的用途都是一样的；再次，技术中蕴含着一种理性的因素，这种理性因素与科学相关，是一种对普遍真理的认识，因此，技术可以在不同的社会形态与不同的阶段运用，完全不受政治的影响；最后，技术的使用目的是提高效率，技术对效率的追求，使技术体现出一种标准化的特征，因此技术的使用是不受政治因素影响的。

“按照上述解释，技术领域能被非技术的价值所限制，但不能被这些非技术的价值所转化，它似乎可以用来解释传统、意识形态与社会技术的变化中产生的效率之间的张力，工具理论为这些类似的研究提供了分析的框架。”[②]著名的全球性未来研究团体罗马俱乐部（Club of Rome）指出：“有些科学家不会太在意其进行的技术创造是否得到了利用，或者是如何得到利用的，也不

① 又译安德鲁·费恩伯格、安德鲁·芬博格。

② 芬伯格．技术批判理论[M]．韩连庆，曹观法，译．北京：北京大学出版社，2005：4－5．

在意利用的目的是善良的还是邪恶的。”[①]科学家对技术的态度是一种对学术追求的态度，是出于个人兴趣的，而未能全面考虑技术的价值意义，科学家对技术的态度也是一种工具理论的观点。工具理论的这些观点，尤其是关于技术是中立的观点，被广泛应用于经济和人们的社会生活中。事实上，技术对效率的追求正如一位司机选择最短路径来驾驶，在达到目标的过程中，各种危机跃然而生。

实体理论不同于工具理论的技术中立的观点，认为技术形成了一种技术文化，这种文化扩张到整个社会，社会也变成一种技术的社会，对于此，人们只有回归到最原始的生活状态才能逃离技术的影响。这种观点其实已经暗含在马克斯·韦伯的理性化的“铁笼”(iron cage)这一悲观概念中了，尽管他并不是特意将这种理论与技术联系起来或提供一种解决方法。埃吕尔也对技术持悲观态度，把技术与社会的文化的联系明确表达了出来，他认为不管社会的政治意识形态是什么，技术都会一直存在于现代社会之中，埃吕尔断言，“技术已经变成自主的了”。海德格尔赞同埃吕尔的观点，他声称，社会的各要素都已转化为一种技术的原材料，将现代社会从技术上进行重新构造根源于对权力的虚无主义的意志，即人和存在被贬黜为单纯的对象。

持工具理论的人会认为，快餐能够便捷地为人们提供一顿营养餐，这比家人聚在一起吃晚餐要方便得多，吃饭的目的是吸收足够的营养与能量，从生物学角度来说，是否要与家人一起做饭、一起吃饭并不是很重要，这种观点忽视了技术的文化内涵。在采用一种严格的功能观点时，我们已经认定吃饭是一种有技巧的操作，它可以或有效或无效地完成，而这本身是一种可从价值观上进行评价的选择，这个例子在诸多事例中很有代表性。在这些例子中，从传统到现代性的转变被一种内含在现代性之中与传统相背离的效率标准判定为是一种进步。“技术的实体理论试图让人们意识到这种构想的武断，或者说让人们意识到技术的文化特性，问题不是机器已经‘接管’了一切。”[②]实体理论批判优先考虑控制和效率的战略立场，而这恰恰正是现代社会不断扩大其有效性的特征，实体理论延伸了技术的概念，不再单纯从物的角度来界定技术，而是融入了文化的视角。

埃吕尔是实体理论的代表人物，其技术哲学思想主要表现为技术自主论

① 佩奇.世界的未来：关于未来问题一百页[M].王肖萍，蔡荣生，译.北京：中国对外翻译出版公司，1985：64.

② 芬伯格.技术批判理论[M].韩连庆，曹观法，译.北京：北京大学出版社，2005：7.

的观点。其技术自主论的观点来源于两大概念的提出：一是从社会学的角度来分析"技术社会"这一概念的提出。他认为，现代社会已成为一个技术社会，技术组成了社会的一切，社会的一切皆为技术而存在。二是从技术哲学的角度来分析"技术系统"这一概念的提出。他认为，现代社会已成为一个复杂的技术系统，技术不受外部力量的评判，只遵守自身的规律发展。进一步说，技术对社会生活的方方面面影响深远，教育作为社会系统的重要子系统之一，技术对教育的影响具有必然性。[①]

技术的不可逆性必然对教育产生影响。埃吕尔认为，在特定的文明中技术进步是不可逆的。[②] 没有什么理由可以阻止技术进步，技术呈现不断进步的趋势，这一点是毋庸置疑的。就像数学计算题 1＋1＝2，这是公理式的运算，没有可讨论的必要。不可否认的是，在技术的发展过程中，可能会出现一些障碍，但这最终将会被消除，因为技术的发展是一个无限的、开放的过程。技术进步只取决于先前的技术状况，技术的发展是一个对先前技术不断超越与完善的过程，社会的、经济的、教育的等其他因素并不是决定性的。在传统社会，技术被外部因素所支配。埃吕尔认为，"技术在西方的发展归功于一系列因素，社会的、智力的、经济的、历史的因素，幸运地、令人惊奇地连接"[③]。教育作为一种社会因素，在一定程度上促进了技术的发展，也同样受到了技术进步的影响，但教育者对技术的选择与使用在很大程度上具有自主性。也就是说，技术对教育的作用受到个人因素的影响，尊重个人需求的不同，个人与技术是平等的关系。从传统社会到技术社会，再到技术系统的过程中，技术的发展从为了追求技术与个人的平等，到为了追求技术自身的整体发展逻辑，这一过程都是不可逆的。在这一阶段，技术对教育的影响，蒙上了一层"技术化"的面纱，人的自主性在逐渐消退，却浑然不知。然而，这一过程同样是不可逆的，教育中的人的自然属性在逐渐消失。

技术的普遍性必然对教育产生影响。埃吕尔明确指出，"技术的普遍性表现在两个方面，即地域上的普遍性和性质上的普遍性"。一方面，从地域的角度来讲，技术在不断地扩张，其作用范围遍及全球。不管技术的使用者是谁，技术的效果与个人专注于技术的程度成比例。在人类历史进程中，不同地区、不同民族有着不同的文明规则。但是今天他们都倾向于将自己与技术

① 胡伟.埃吕尔技术哲学思想及其对教育研究的影响[J].教育学报,2013,9(6):28-34.

② Ellul J. The Technological Society[M]. New York:Vintage Books,1964:89.

③ Ellul J. The Technological System[M]. New York:Continuum,1980:195.

结盟。当然,这并不意味着他们都达到了同样水准,他们处于同一轨道的不同点上。“美国表现出的类型,法国可能30年后出现,中国则可能需要80年。”[①]另一方面,从技术性质的角度来讲,埃吕尔认为,“技术已经逐渐掌握了人类文明的各个要素……人类自身也因技术控制而成为技术的对象,技术也因将人作为其对象而成为社会的中心,这通常被称为技术文明。为文明所必需的艺术、文学等活动在现代社会中也以不同的方式从属于技术的需要。人们已不能将技术简单地理解为代替人类劳动的机器。每一项文明活动——智力的、艺术的、道德的——都只是技术的一部分。技术已将其力量延伸至所有社会活动和所有的文化”[②]。技术的普遍性对教育的影响,从地域上来说,主要表现在:不同地域、不同民族的文明规则虽然不同,但技术这一因素都深深地渗入教育这一人类重要的活动中,影响教育目的、教育本质等一些基本问题,以及教育手段、教育方法等一些具体问题。从性质上来说,技术文明渗透到智力的、道德的等文明活动之中,教育作为社会活动的一个方面,是培养人的过程,对人进行智力、道德等方面的培养。技术的普遍性使得教育原有的“社会化”功能的内涵发生了变化,教育原本使人成为属于地方、民族和国家的人,成为特殊的文化建构物,而技术使得人成为普遍的存在。因此,技术对教育的影响具有普遍性。

工具理论对技术的态度是一种全然的接受,实体理论对技术的态度是一种全然的否定,技术无论是作为一种工具手段,还是作为一种统治文化,都体现出这两种理论对技术的态度从一定程度上来说都是有种宿命态度的。“有学者认为应该放弃对技术的使用,应该采取一种自然的方式,回归到传统的状态,避免技术对人的异化,也有学者认为应该全然接受技术,技术作为一种提高人们生活效率和质量的重要手段,已成为人们生活的必需品。”[③]然而,当面临选择的时候,除了作出非此即彼的结论以外,技术批判理论还应该分析现象背后种种错综复杂的关系,以此获得一种新的看问题的视角。

现代社会中唯一达成共识的价值就是效率,而技术批判理论试图限制的恰恰正是这种价值,以便使其他的价值繁荣昌盛,此外,技术批判理论认为需要为技术的理性文明的可能性来辩护。在现代社会中,实用性的胜利已经成定局,人们需要的是一种与原则更加一致的替代的实用性,这是传统马克思

① Ellul J. The Technological Society[M]. New York:Vintage Books,1964:116-117.
② Ellul J. The Technological Society[M]. New York:Vintage Books,1964:127-128.
③ 芬伯格.技术批判理论[M].韩连庆,曹观法,译.北京:北京大学出版社,2005:8.

主义所承诺的，但却没有被继承下来，今天的问题则是该如何做得更好的问题。有学者认为可以采用一种限制技术发展的方式，但这种方式显然是不可行的，限制技术的使用在一定意义上也是使用了一种与众不同的技术形式来控制技术。有学者认为在过渡技术化的社会中，为了使人们不成为技术的存在，可以采用一种回归到原始状态的方式，但这不是在一定意义上的超技术手段吗？如果无法作出这种试图脱离技术的选择，那么该如何来对待技术呢？技术批判理论拒斥了技术的中立性，简单来说，技术批判理论认为技术是负有价值的，这种价值从技术的出现，到技术的应用过程，一直在起作用，技术所反映的是各种利益群体的意识的角逐。在决定论和工具论的解释中，效率是元等级的唯一原则，但从技术批判理论的视角来看，对于技术的设计来说除了效率作为重要因素之外，还有很多其他待确定的因素也起着重要的作用，这些待确定的因素与效率共同作用，可以将最终的技术成果导向一个方向。

从工具理论的视角来看，技术是一种纯粹的物的工具；从实体理论的视角来看，技术是一种蕴含在人们的生活之中的力量，对人们的生活产生了方方面面的影响；从技术批判理论来看，技术是一种负有价值的产物，技术的设计以及应用是不同利益群体斗争的结果，技术因此而表现出不同的群体的价值。当然，通过对三种理论的梳理，我们可以发现，人们对技术的态度或是中立的，或是有价值判断的，但无论从哪种理论来解释，其中所共同表现的结论则是技术无处不在，技术与人们的生活息息相关，其中不乏为人们积极地带来生活的便捷，与此同时，也为各个领域带来了一些新的挑战。技术批判理论认为，技术的民主政治可以为克服现代技术对人类和自然环境造成的种种破坏方面提供一种可能的替代形式。

第二章 人工智能时代教师的角色困境与定位

人工智能技术的发展促进了世界各国学校教育数字化转型。各级各类学校为了推动教育的高质量发展，将人工智能技术融入课堂教育教学过程中。然而，技术是柄双刃剑。人工智能技术的发展，尤其是ChatGPT等生成式人工智能技术的发展，不仅给教师的教育教学带来了机遇，也带来了挑战。

人工智能时代，如何理解并定位教师角色，是探究和解决教育发展问题的前提。作为从事学校教育教学工作的主体，教师应该思考人工智能时代对教师提出了哪些挑战，又为教师带来了哪些机遇。随着人工智能在教育领域的应用，教师陷入了角色困境，主要表现在三个方面：首先，人的主体地位被技术所取代；其次，教师的“教书匠”角色被高效的人工智能取代；最后，教师的“因材施教”角色被精准的人工智能实现。为了解决以上困境，教师应明确自身角色定位，与机器共存与协作。一方面，技术与人之间是“器”与“道”的关系；另一方面，人工智能与教师之间是“助手”与“师傅”的关系。

21世纪以来，全球出现了以人工智能、物联网、大数据等为代表的新技术浪潮。有学者认为，“过去，人类面对的是自然界，而现代人类需要面对的是一个技术的时代，人类必须去适应这样的社会”①。近年来，人工智能成为各

① 海森伯.物理学家的自然观[M].吴忠，译.北京：商务印书馆，1990：10.

领域研究的热点。[①] 2016 年被称为"人工智能元年",人工智能时代随之而来,教师的存在意义受到了前所未有的质疑。

从政策层面来说,世界各国纷纷制定了相关的人工智能政策。美国联邦政府于 2016 年相继发布了《为未来人工智能做准备》[②](*Preparing for the Future of Artificial Intelligence*)、《国家人工智能研发战略规划》[③](*The National Artificial Intelligence Research and Development Strategic Plan*)和《人工智能、自动化和经济》[④](*Artificial Intelligence, Automation, and the Economy*)三个政策报告。

中国政府于 2017 年 3 月首次将人工智能写入政府工作报告,人工智能上升为国家战略。同年 7 月,国务院印发了《新一代人工智能发展规划》,明确了"新一代人工智能发展的指导思想(加快人工智能与经济、社会等深度融合)、战略目标(到 2030 年达到世界领先水平)、重点任务"。[⑤]

英国政府于 2017 年 10 月发布了《在英国发展人工智能产业》(*Growing the Artificial Intelligence Industry in the UK*)[⑥]的报告。新加坡总理办公室于 2017 年 5 月发布了"人工智能新加坡"(AI Singapore)[⑦]项目。

具体到教育领域,如何来理解并面对人工智能时代教师的角色困境,是探究和解决教育发展问题的前提。

---

① Hu, W. Joseph E. Aoun: Robot-proof: Higher Education in the Age of Artificial Intelligence[J/OL]. *Higher Education*. (2019-04-09)[2019-05-20]. https://doi.org/10.1007/s10734-019-00387-3.

② National Science and Technology Council. *Preparing for the Future of Artificial Intelligence*[R/OL]. (2016-10-12)[2019-05-20]. https://obamawhitehouse.archives.gov/sites/default/files/whitehouse_files/microsites/ostp/NSTC/preparing_for_the_future_of_ai.pdf.

③ National Science and Technology Council. The National Artificial Intelligence Research and Development Strategic Plan[R/OL]. (2016-10-13)[2019-05-20]. https://obamawhitehouse.archives.gov/sites/default/files/whitehouse_files/microsites/ostp/NSTC/national_ai_rd_strategic_plan.pdf.

④ Executive Office of the President. Artificial Intelligence, Automation, and the Economy[R/OL]. (2016-12-20)[2019-05-20]. https://obamawhitehouse.archives.gov/sites/whitehouse.gov/files/documents/Artificial-Intelligence-Automation-Economy.PDF.

⑤ 国务院. 国务院印发《新一代人工智能发展规划》[EB/OL]. (2017-07-20)[2019-05-20]. http://www.gov.cn/xinwen/2017-07/20/content_5212064.htm.

⑥ Hall D W, Pesenti J. Growing the Artificial Intelligence Industry in the UK [R/OL]. (2017-07-20)[2019-05-20]. https://assets.publishing.service.gov.uk/government/uploads/system/uploads/attachment_data/file/652097/Growing_the_artificial_intelligence_industry_in_the_UK.pdf.

⑦ National Research Foundation Singapore. AI Singapore[EB/OL]. (2017-05-20)[2019-05-20]. https://aisingapore.org.

第一节　取代与失语：人工智能时代教师的角色困境

人工智能正在逐步影响人们生活的各个方面。德国哲学家尤尔根·哈贝马斯(Jürgen Habermas)认为，"现代技术已经成为一种意识形态，全面侵入社会生活的方方面面"①。作为现代技术之一的人工智能，也正在逐步成为一种意识形态，其背后的技术理性使人逐渐被工具化，"甚至越来越成为一种机器的存在，或者仅仅是一个小小的零件"②。从师生关系来说，是否会造成严重的失衡现象？"经过数字媒体的加速，'文化反哺'或'后喻文化'使教者和学者之间传统的非对称关系被明显颠覆，从而是否可能导致教师产生严重的'教育失语'？"③人工智能时代的到来，加剧了技术理性对人的影响，使教师陷入角色困境。主要表现在以下几个方面：

一、人的主体地位被技术所取代

从技术哲学视角来看，技术成为一种垄断，从而形成了技术与人之间的"主"—"客"关系，使教师陷入角色困境。在一定意义上，"人"将技术与教育紧密联系在一起。"技术之所以可以作用于教育，恰是由于技术的潜力都是由人来实现的，教育的研究对象与技术围绕着'人'这一个共同的主题。"④尼尔·波斯曼认为，人类技术的发展可分为三个阶段，这三个阶段分别是：将技术作为工具使用，技术变为一种统治的力量，以及技术成为一种垄断。其中的第三个阶段，"技术成为一种垄断阶段的特征是，除了技术以外的其他因素都成为各种不重要的存在，或者说都失去了存在的意义"⑤。这种技术的垄断使技术处于一种主体地位，相应地，人成了客体的存在。

---

① 哈贝马斯．作为"意识形态"的技术与科学[M]．李黎，郭官义，译．上海：学林出版社，1999：70.
② 鲁洁．做成一个人：道德教育的根本指向[J]．教育研究，2007(11)：12.
③ 王向华．对话教育论纲[M]．北京：教育科学出版社，2009：序.
④ 许良．技术哲学[M]．上海：复旦大学出版社，2005：224.
⑤ 波斯曼．技术垄断：文化向技术投降[M]．何道宽，译．北京：北京大学出版社，2007：28.

另外,《娱乐至死》一书中有这样的观点,“任何一种媒介技术都有共鸣,由于共鸣便是扩大的隐喻”[①]。无论一种技术本来的语境如何,它都可以跨越此语境并延伸到新的未知的语境中,因为它能够引导人们该如何思考以及总结生活经验,以此影响人们的意识,进而影响社会结构的形成。

技术成为主导人的存在,人类该何去何从?人工智能作为技术存在,是人脑甚至是整个人的延伸,教师作为人的存在,其意义何在?

二、教师的“教书匠”角色被高效的人工智能取代

“人工智能具有增能、使能与赋能的功能,能够提高工作效率、效果、效益。”[②]相对人工智能的高效,教师受限于个人的精力与体力,其工作呈现出一种低效的状态。主要表现在两个方面:

一方面,人工智能具备快速计算和记忆存储能力。人工智能的计算智能使知识记忆不再成为难事,教师作为知识权威的地位将被打破。关于技术会引发失业的问题,可以追溯到凯恩斯[③]提出的技术性失业问题。失业问题是技术引发的自动化而减少了对劳动力的需求问题。美国麻省理工学院经济系教授大卫·奥特尔(David Autor)提出了 ALM 框架(Application Lifecycle Management,应用程序生命周期管理)来分析自动化问题。奥特尔认为,“自动化替代的是低技能、低教育水平的从事程序化工作的劳动者”[④]。

2013 年 9 月,牛津大学的卡尔·弗瑞(Carl Frey)和迈克尔·奥斯本(Michael Osborne)联合发表了一份研究报告——《就业的未来:计算机化对工作的影响》(*The Future of Employment: How susceptible are jobs to computerisation*),目的是了解不同工作类型在未来二十年可能被计算机取代的概率。报告基于 ALM 框架,引入“社交智慧、创造性、感知和操作能力”三个维度来分析人工智能对人类的可替代性。通过对美国 702 类职业被人工智能代替的概率进行研究,可以发现,“47%的职业可能受到人工智能的巨大冲

① 波兹曼. 娱乐至死[M]. 章艳,译. 2 版. 桂林:广西师范大学出版社,2011:18.

② 张坤颖,张家年. 人工智能教育应用与研究中的新区、误区、盲区与禁区[J]. 远程教育杂志,2017,35(5):51.

③ Keynes J M. Essays in Persuasion[M]. New York: W. W. Norton & Co., 1963: 358 - 373.

④ Autor D H, Levy F, Murnane R J. The Skill Content of Recent Technological Change: An Empirical Exploration[J]. The Quarterly Journal of Economics, 2003, 118(4): 1279 - 1333.

击,常规性的以及易被定义的工作类型是最有可能被取代的"[①]。当前,教师的工作是以知识传授为主,而人工智能在快速存储和传递海量学习资源方面具有绝对优势,教师的"教书匠"角色将被取代。

另一方面,人工智能不知疲倦,辛勤劳作,效率极高。科大讯飞研究院做过一个试验,发现人工智能在对一段语音评分的过程中,相对普通评分员更接近专家,而且评分效率更高,更公平公正。其中一部分原因在于繁重的重复性工作容易使人产生疲劳感,难以保持标准的一致,但人工智能可以做到高效公平。正如有学者指出的,"需要重复做的事情,需要大量信息资料搜集、数据积累和分析的事情,需要精准定位的事情会被人工智能替代"[②]。如果教师的角色只是为了让学生靠死记硬背以及临场机智来应付考试,那么高效率、低成本的人工智能将压缩教师的作用,替代教师重复性、低创造性的工作,使教育变得越来越标准化。

ChatGPT 的出现,不禁又引起了教师对自己职业的担忧,担心是否会被人工智能取代,或者说担心是否能适应 ChatGPT 等生成式人工智能技术。随着 ChatGPT 等生成式人工智能的出现,被替代的职业可能会涉及一些需要高技能和高教育水平的职业。美国《商业内幕》杂志通过访谈,提出未来最可能被生成式人工智能替代的职业包括教师、技术人员、媒体工作者、财务人员、法律行业工作者、平面设计师等。在弗瑞和奥斯本的研究中,这几类人员的被替代概率都很低,分别为 0.44%、1.10%、1.50%、1.60%、3.50%、8.20%。而市场研究分析师、会计师、客服则是两个研究都预测的替代率非常高的职业。因此,ChatGPT 时代教师可能会面临失业风险。尤其一些不适应 ChatGPT 等人工智能技术的教师会失业。或者说,相对 ChatGPT,没有核心竞争力的教师会失业。

三、教师的"因材施教"角色被精准的人工智能实现

人工智能可以为学生提供更为精准的教育,对当前教师的粗放教育方式提出了挑战。工业革命以来,为了培养大量的劳动力,班级授课制成为主要的教学组织形式。这种教学组织形式有其优越性,可以扩大教育规模,提高教学效率,充分发挥教师的主导作用,使学习活动系统可控。与此同时,这种

① Frey C B, Osborne M A. The Future of Employment: How susceptible are jobs to computerisation[J]. Technological Forecasting and Social Change,2017(114):254－280.

② 李政涛.当教师遇上人工智能……[J].人民教育,2017(Z3):20－23.

形式也有其局限性，学生的主动性受到限制，学生的个别差异性被忽视。这是一种粗放式的教育，也是当下大多数学校所普遍采取的形式。[①]

人工智能的感知智能（视觉、听觉、触觉能力）和认知智能（理解思考能力）为个性化教育以及个性化学习的实现提供了技术保障，可以取代粗放式的教育方式，为学生提供定制式的教育服务。具体来说，可以根据学生特征（学习风格、认知水平、学习目标等）提供精准的学习服务，通过数据分析或智能算法，实时反馈学生学习情况，根据学生数字画像，纠正服务不足，提高个性化服务水平，转变学生知识消费者的身份，从而成为知识创造者。

奇点大学创始人彼得·戴曼迪斯（Peter Diamandis）提出，“人工智能可以提供未来最好的教育，因为它可以根据学生的不同兴趣和特点为其提供有针对性的个性化教育”[②]。另外，人工智能可以促进在线教学，通过智能软件对学生学习能力进行分析，从而为每位学生提供定制式的课程，根据学生的不同喜好，给予有针对性的奖励。基于教师与学生之间的互动语音及文字材料，分析优质教师应该具备哪些素养。通过这样的平台，可以了解每个学生的差异性，基于大数据对学生进行更为针对性的评价，以便开展更个性化的教学，实现“因材施教”，而在这方面教师是难以实现的。

四、教师对人工智能技术存在适应困境

新技术在教育领域中的应用过程中，教师会面临技术适应性问题。近年来，人工智能广泛应用于教育教学活动，教师作为人工智能移民，面对新技术的挑战，难免会产生畏难情绪，甚至抵触态度。ChatGPT 作为一种新的人工智能技术，教师也要面临适应性问题。

ChatGPT 作为一种人工智能技术创新，教师对其的接受性和采用度有差异。罗杰斯提出的创新扩散理论根据创新性（个人相对于同一系统中其他人相对优先接受创新的程度），将创新采用者类别划分为：创新先驱者、早期采用者、早期大众、后期大众、落后者。当然，创新性是一个连续性的变数，将它分割成不同类别是一种策略，是一种理想模式[③]。依据创新扩散理论对创新

① Hu W, Shi Y B. Research on the Role Predicament of Teachers in the Era of Artificial Intelligence[J]. US-China Education Review B, 2018, 8(6): 275.

② 戴曼迪斯. 未来最好的教育来自人工智能[N/OL]. 环球时报,(2016-12-27)[2019-05-20]. http://opinion.huanqiu.com/1152/2016-12/9865499.html.

③ 罗杰斯. 创新的扩散[M]. 唐兴通,郑常青,张延臣,译. 5版. 北京:电子工业出版社,2016:24.

采用者的划分,人工智能作为一种应用于教育教学的创新,教师作为人工智能采用者,可以将其教师分为:人工智能采用先驱者、早期人工智能采用者、早期人工智能采用大众、后期人工智能采用大众、人工智能采用落后者。因此,教师对 ChatGPT 等人工智能技术的适应程度和采用速度有所差异。

ChatGPT 对开展人文社科教育教学的教师带来的挑战会更大,尤其是一些从事写作教学的教师。学生可以用 ChatGPT 来代写作业,只通过论文写作等书面作业来评价学生的教师是否能适应?一些学校已明令禁止学生使用 ChatGPT 来写作业,比如香港大学禁止学生在所有课程作业中使用 ChatGPT 等人工智能技术,除非获得书面许可,否则被视为抄袭。但是禁止学生使用 ChatGPT 并非长久之计,因为可能很难监督。因此,教师该如何设计出可以考查学生知识运用及思维能力的论文写作或其他评价方式也是教师面临的困境之一。

第二节　共存与协作:人工智能时代教师的角色定位

人工智能时代的到来,给教师的存在价值带来了挑战。从一定意义上来说,技术发展是不可逆的。人工智能在教育中的应用越来越广泛。① 新技术的应用对于推动教育的发展具有重要意义。正如美国《国家教育技术计划》(*National Education Technology Plan*)中提出的:"技术是推动学习变革的强大工具,有助于改善师生关系,推动学习模式的变革,缓解教育不公平等问题。"②因此,人工智能时代,教师应明确与技术之间的关系,从而更好地应用新技术,培养未来社会需要的人。

---

① Roll I, Wylie R. Evolution and Revolution in Artificial Intelligence in Education[J]. International Journal of Artificial Intelligence in Education,2016,26(2):583.

② Office of Educational Technology. Reimagining the Role of Technology in Education: 2017 National Education Technology Plan Update[R/OL]. U. S. Department of Education (2017-01-01)[2019-05-20]. https://tech.ed.gov/files/2017/01/NETP17.pdf.

一、技术与人之间应是“器”与“道”的关系

从技术工具论的观点来看，技术是为了达成人的某些目的。“人们通常的观点是将技术看作一种工具，关于技术的活动则是制作工具的过程，人类对工具的制造与使用也是被认为人区别于动物的重要特征。”[①]从这层意义上来说，技术与人的关系是“器”与“道”的关系。

德国哲学家恩斯特·卡普(Ernst Kapp)在《技术哲学纲要》一书中提出了技术是人类身体延伸的观点，被称为“器官投射说”，即将技术的发展看作是人身体的不断延伸。人是目的，技术是手段。技术为人的发展提供了工具，带来了机遇。

从媒介学的视角来看，有学者认为技术作为一种媒介，是人身体的延伸，促进了人的发展。正如麦克卢汉(McLuhan)在《理解媒介：论人的延伸》一书中，提出技术可能是人类身体的、思想的或者存在的延伸。“技术的发展从机械时代开始，发展到电力时代，再到现在的数字时代，在发展过程中，从最初的技术作为身体的延伸，在小范围的空间内进行，再到后来扩展到更大的范围，人类的中枢神经系统也被延伸了，跨越了空间的限制，在全球范围内形成一种互动，时间与空间的概念被彻底打破。”[②]

人工智能的出现，促使技术不仅成为人四肢的延伸，也成为人脑的延伸，甚至成为整个人的延伸。人工智能使人的智力得到了优化和加强。“人工智能的发展有助于使人从重复的机械的生产劳动中得到解放，将智能赋予机器，使其具备思维能力，从而替代人成为新的人的外化。”[③]因此，人工智能时代，技术与人应该以“器”与“道”的关系“共存”。

二、人工智能与教师之间应是“助手”与“师傅”的关系

人工智能可以帮助教师更好地教学，完成重复性工作，对学生进行基于大数据的综合评价。课堂教学是教师所从事的最重要的教育活动。新技术在教育教学过程中的应用，其目的是提升教育教学效率。技术哲学家雅克·埃吕尔(Jacques Ellul)认为，“技术明显地根据其起源，按照其隐含着的最重

---

① 李庆臻. 简明自然辩证法词典[M]. 济南：山东人民出版社，1986：7.
② 麦克卢汉. 理解媒介：论人的延伸[M]. 何道宽，译. 南京：译林出版社，2011：4.
③ 林命彬. 智能机器的哲学思考[D]. 长春：吉林大学，2017：21.

要的特征效率来定义。技术是在给定时刻最有效的方法组合”[①]。“技术与效率密切相关”[②]。技术的本质是对效率的追求。ChatGPT 作为一种生成式的人工智能技术,可以成为教师的教学助手,提升课堂教学效率,促进有效教学的实现。钟启泉认为,“有效教学应该使课堂教学从‘教的课堂’转型为‘学的课堂’,从一种‘传递中心教学’转型为‘对话中心教学’”[③]。ChatGPT 在课堂中的应用,可以帮助教师搜集教学资料,减少教师教学投入的时间成本,从而提升教学效率。

人工智能不仅可以作为师傅的教学助手,分析学生所需;还可以作为学生的学习助手,分析学生的学习困难。余胜泉认为,“教师应建立人机协同意识,教师角色分工越来越细,成为某一具体方面专家。教师与人工智能发挥各自优势,协同实现个性化的教育、包容的教育、公平的教育与终身的教育”[④]。2016 年 10 月,乌镇智库与网易科技、网易智能共同发布了《乌镇指数:全球人工智能发展报告(2016)》,报告指出,“人工智能在教育领域中的应用主要包括个性化辅导、智能测评等”[⑤]。因此,人工智能时代,教师与学生都应该拥有人工智能助手。

人工智能作为助手可以对当前和未来教育产生三方面的影响:第一,从学生评价来看,人工智能可以把采集到的关于学生的各项数据编进计算机进行分析,从而对学生进行更为科学化的评价;第二,从教师教学来看,人工智能可以采集优秀教师的教学经验,从而实现优秀经验的模式化;第三,从学校教育来看,人工智能可以通过数据收集和分析帮助学校实现因材施教,使教师合理分配教学资源,实现学生个性化学习。范国睿认为,“智能时代由人工智能参与的教学活动将会增多,‘教师’身份承担者越来越多样化,行‘教师’之职的现实‘人’需要扮演好学生成长数据的分析师、价值信仰的引领者、个性化学习的指导者、社会学习的陪伴者以及心理与情感发展的呵护者等角色”[⑥]。也有学者认为,“从成本效益的角度考虑,人工智能可以取代教师的一

---

① Ellul J. The Technological System[M]. New York:Continuum,1980:26.

② 胡伟.埃吕尔技术哲学思想及其对教育研究的影响[J].教育学报,2013,9(6):28-34.

③ 钟启泉.“有效教学”研究的价值[J].教育研究,2007(6):31-35.

④ 余胜泉.人工智能教师的未来角色[J].开放教育研究,2018,24(1):25.

⑤ 乌镇智库,网易科技,网易智能.乌镇指数:全球人工智能发展报告(2016)[R].2016:9.

⑥ 范国睿.智能时代的教师角色[J].教育发展研究,2018,38(10):69.

些工作”①。那么，这意味着在一定程度上，人工智能可以解决师资匮乏的问题。②

英国《每日邮报》2016 年 4 月 14 日报道，由日本软银集团研发的、具有与人进行情感交流能力的人形机器人佩珀(Pepper)，被日本福岛县某高中录取，开始了其高中“学习”生活，佩珀主要的任务除了帮助有交流障碍的特殊学生之外，还要帮助其他同学学习英语以及基本的机器人相关技术。人工智能作为助手在课堂中广泛应用是未来之势。这种助手与师傅之间的关系，是一种帮扶关系，助手在师傅的指导下，协助师傅共同完成教学活动。基于此，人工智能与教师之间的关系，是一种辅助与主导的“协作”关系。

通常情况下，新教师缺少授课经验，但对新技术的接受度会高一些，因此，ChatGPT 可以作为新教师很好的教学助手。从知识角度来说，ChatGPT 可以弥补教师知识的有限性，帮助教师设计教学思路，提供各种知识的联结，为课堂教学中遇到的问题出谋划策。

三、人工智能时代教师应该培养学生的素养和思维技能

人工智能的发展推动了美国高等教育改革。美国东北大学校长约瑟夫·奥恩(Joseph Aoun)在其《教育的未来：人工智能时代的教育变革》(*Robot-Proof*：*Higher Education in the Age of Artificial Intelligence*)一书中详细阐述了美国高等教育该如何面对人工智能时代的到来，通过对书中内容的分析，从而呈现美国高等教育发展的未来方向。

(一) 跟上“人工智能＋”时代步伐

“人工智能＋”的本质是人工智能与传统行业相结合，主要表现在人工智能在各个领域的应用。人工智能的应用提高了工作效率，为人类发展带来了契机。比如“合作机器人”在工厂里与人类一起工作，提高了制造业的生产效率。然而，人工智能在为人类带来机遇的同时，也带来了一系列问题与挑战。人工智能的大范围应用导致了失业、劳动力结构失衡等问题。牛津大学的一项研究表明，未来 20 年有一半的美国工作会有被机器取代的风险。为了应对来自机器的挑战，人类需要提高技能，这需要借助教育的力量来实现。

为了掌握人工智能技术及面对其带来的经济和社会挑战，高等教育必须

---

① Sharkey A J C. Should We Welcome Robot Teachers? [J]. Ethics and Information Technology, 2016, 18(4): 284.

② Edwards B I, Cheok A D. Why Not Robot Teachers: Artificial Intelligence for Addressing Teacher Shortage[J]. Applied Artificial Intelligence, 2018, 32(4): 345.

继续跟上变化的步伐。高等教育的目的是培养社会发展所需要的人才。传统的高等教育已经不能适应人工智能时代对人才的需求。正如奥恩的观点，“21世纪的大学不应培训学生从事那些在科技浪潮中即将消失的职业，而应把学生从过时的职业模式中解放出来”。因此，“人工智能+”背景下，高等教育需要新的模式、新的定位。

（二）培养学生“三大素养”与“四种思维技能”

奥恩认为，“面对人工智能的挑战，为了让毕业生具备防御机器人的能力，高等教育应该重新设置课程体系。通过防御机器人的教育模式培养创造者”。

为此，奥恩提出了一个新的学科框架——“人类学”，以此来培养学生的创造性和灵活性，以使人类可以更好地与他人以及机器共存。人类学具有双重特性：其一是内容方面，即新的读写能力。从过去的读、写、算能力，到现在再加上数据素养、科技素养和人文素养。其二是认知能力，即更高层次的思维技能，包括系统性思维、创业精神、文化敏捷性、批判性思维。

新的读写能力包括三大素养：其一，数据素养，指分析理解和利用数据的能力。大数据时代，积累庞大数据用处甚微，整理出可用信息并对其进行理解才是关键。其二，科技素养，指有关数学、编程和基本的工程学原理的知识。如果人们想了解机器的结构和用途，就需要具有科技素养。其三，人文素养。人文素养是三大新读写能力中最重要的。人文素养为人们提供了社会环境，给了人们与他人沟通与合作、挖掘人性优雅与美丽的能力。它包括建立在传统博雅教育之上的人性，也包括艺术元素。人文素养可以帮助人类解决人工智能应用过程中所产生的伦理问题，以及在机器设计过程中该赋予其何种价值观的问题等。

认知能力包括四种思维技能：其一，系统性思维，指将系统当作一个整体加以思考的思维方式。系统性思维注重细节和全局，锻炼人们的精神力量，在衡量复杂性的同时，检验人们对多重想法的把握。奥恩倡导应在大学课程中列出系统性思维课程。其二，创业精神。随着机器取代旧有工作，人类需要发明新的工作。从这个角度看，技术不是威胁，而是机遇的来源。它不会让工作岗位消失，而是产生了新的工作岗位，其间的差异来自创业精神。其三，文化敏捷性，指个人在跨文化情境从容应对的能力。其四，批判性思维，指对想法进行巧妙的分析，然后有效地运用的思考能力。批判性思维包括许多层次和纹理。有些是可量化的思维方式，如理解并运用其来解决问题。有些则不成熟,甚至仅凭直觉。相对于机器而言,人类可以利用批判性思维从数据分析和情境分析两方面进行评估。

(三)注重体验式学习

奥恩认为,人工智能时代,高等教育应注重体验式学习。与机器不同,人类学习的经历是由其生活情境所塑造的,这种方式有助于提高其创造性和思维灵活性,从而使个人具备更强的防御机器人的能力。体验式学习与美国教育家约翰·杜威(John Dewey)提出的"做中学"有异曲同工之处,皆认为学习是建立在体验与知识基础之上。

体验式学习的目标是去除课堂与现实之间的界限,创造一个持续的、多维的学习生态系统,这让学习者可以有机会在陌生的情境中即兴发挥,进行发明和独立思考等活动。体验式学习的模式包括参与实习、合作项目、勤工俭学、全球体验和原创研究等。

体验式学习的意义在于可以帮助学生练习远转移。人类所掌握的远转移能力是人类相对于智能机器的竞争优势。练习远转移不仅可以拓展思维,还可以拓宽心态。斯坦福大学心理学家卡罗尔·德韦克(Carol Dweck)将心态分为固定型心态和成长型心态。其中固定型心态只看到障碍,认为人的品质能力是固定不变的,而成长型心态认为个人品质是可变的。成长型心态坚信通过个人努力和勤奋可以改变自己的能力,情境和个人学习状态的好坏并不是固定的,而是我们如何看待它们。成长型心态对于培养批判性思维和系统性思维的认知能力至关重要。想要锻炼成长型心态并培养创造力,学生必须有使用这种心态的体验,必须在做中学。

体验式学习可以通过合作学习的形式进行。对于大学生来说,合作学习是最直接的体验式学习形式之一。合作项目是一种具有一定目标深度的、持续的学习体验。相关数据表明,合作项目可以帮助学生拓宽高阶技能的范围,使他们具备防御机器人的能力。奥恩在书中重点介绍了美国东北大学的合作项目。

体验式学习也可以通过开设体验式人文学科的形式进行。体验式人文学科模式是指将传统人文学科与熟练的科技技能进行整合,把艺术、人文和真实生活体验结合起来,为学生提供学习数字化人文学科和计算机社会科学的工具,教他们将数据素养和科技素养应用于人文素养,促使学生探索机器的社会维度,包括科技变革的伦理意义。

（四）提供量身定制的终身学习

奥恩认为，人工智能时代，高等教育应该为学生提供个性化量身定做的服务，甚至需要为个人的整个职业生涯服务。为此，大学必须把终身学习作为重中之重。随着人工智能的飞跃发展，很多现有工作将被智能机器所取代。与此同时，也会出现新的工作，这需要人们获得更高级的知识和技能。因此，想要在人工智能的经济体系中保持同步，终身学习对各行各业人士来说都是必需的。

为了适应人工智能经济体系下的学习者的需求，大学可以从设计和授课两个维度来建立终身学习与量身定制的关系：其一，量身定制和设计。过去，大学的课程设计在很大程度上是由大学本身决定的。未来的终身学习模式中，大学将与雇主和学习者共同设计课程，以此使大学的教育内容紧密贴合目前的实际情况。其二，量身定制和授课。除了设计课程需要量身定制外，高等教育的授课方法也要量身定制。个性化授课意味着按照学生的强项、弱项、志向和安排来塑造学习体验。人工智能时代，人们对技能的需求也在逐渐增长，大学应重新思考如何组织知识，以及如何把知识传授给学生。为了保障终身学习的实现，大学需要扩大教师队伍，建立全球化的多所大学联合网络体系。

综上所述，美国高等教育正在突破传统高等教育的束缚。不仅应人工智能时代发展改变了教育的目标和内容，开发了新的教育模式和手段，提出了新的教育理念和举措，还拓宽了高等教育的服务对象，以服务人为理念，为人类提供终身学习的机会。人工智能时代，人类不仅需要具备与人交流的能力，还需要具备与机器沟通的能力。这并非要求高等教育将人类培养得越来越像机器，或者说将机器制作得越来越像人，而是说二者应处于一种互助关系之中。

第三章 人工智能时代教师素养的构成

人工智能时代的教师素养是指人工智能时代背景下，教师作为人，作为人的教师，注重人机协作的教师，所应该具备的素养。人工智能时代对应不同的发展阶段。塞尔将人工智能划分为"弱人工智能"和"强人工智能"两个阶段，其中在弱人工智能阶段，人工智能没有自我意识；在强人工智能阶段，人工智能有主观感受和思维能力。伴随人工智能技术的发展，教师素养应有不变与变化。目前处于弱人工智能阶段，因此，本研究主要讨论的是"弱人工智能"阶段教师素养的构成，在这一阶段，教师发挥人的优势，人工智能发挥机器的优势，教师与人工智能协同合作，来开展教育教学活动。本研究中人工智能时代的教师素养并非包罗万象，而是侧重于人工智能时代教师特有的素养，或者说是人工智能时代教师的核心素养。玛格丽特·尼斯认为，"人类与机器存在三种关系：'人类主导''机器主导'以及'人机结合'"①。基于此，本研究从走向机器、走向人、走向人机协同三个价值取向的视角，来分析人工智能教师素养的构成。

---

① 徐鹏.人工智能时代的教师专业发展：访美国俄勒冈州立大学玛格丽特·尼斯教授[J].开放教育研究，2019，25(4)：4-9.

第一节　走向机器的教师素养：人工智能素养

走向机器的价值取向强调教师是学习者，教师素养应有利于教师继续学习和未来的发展。为了适应人工智能时代的发展，教师应该了解并学会运用人工智能，因此，教师需要具备人工智能素养，这是教师素养在人工智能时代的独特构成。作为准教师的师范生也提出应该提高教师人工智能素养，学习人工智能知识与技能。

J师范P班小嘉同学、P班小然同学在其作业中指出，人工智能时代的教师应该增加人工智能素养。P班小滢同学、P班小银同学在其作业中提出，人工智能时代的师范生应该努力学习人工智能知识和技能，并将其运用到教育教学中。

人工智能时代的教师应该增强自身人工智能素养，与人工智能相辅相成。(小嘉，P班)

也许之前你就听说过在美国当一个农民都要是大学生，因为美国的农业是机器化的。现在你也需要了解这些知识，有关数字、编码和基本工程原理的知识。在未来，编码更可能会成为一种世界通用的语言，因为这是人与机器共通的语言。所以我们在未来要熟练应用人工智能的话，就要提高人工智能素养。(小然，P班)

师范生应该抓住人工智能时代给予的机遇，对自己将来的工作进行创新性转化与发展。人工智能时代的到来必然会对教学模式造成影响。作为师范生的年轻一代，相较于老教师能够更好地运用人工智能，能够更好地适应新技术并将其融入教育教学过程中。人工智能时代，师范生应该关注人工智能对教育领域的改变，并努力学习人工智能知识和技能，并将其运用到自己的教育事业，形成教师—人工智能—学生三位一体的教育教学发展模式。(小滢，P班)

教师要学习人工智能所不能代替的人类特有的知识与技能，在数据信息的人工智能时代，不仅要学习专业知识，还需跨学科了解在人工智能时代下的教育模式是什么样的，教师还需要了解人工智能知识并进行充分的学习与

研究,还要学习与学生的沟通与知识的传授。(小银,P 班)

作为准教师的师范生表达出教师对人工智能素养,尤其是人工智能知识和技能的需求,这为教师要具备人工智能素养提供了现实依据。

已有学者对人工智能素养进行了研究。2016 年,坎德霍夫等人首次提出"人工智能素养"(AI literacy)这一概念。有学者认为人工智能素养应包括人工智能概念、人工智能应用以及人工智能伦理安全三方面。[①] 也有学者借鉴信息素养的内涵结构,将智能素养分成智能知识、智能能力、智能情意及智能伦理四个维度。[②] 本研究中人工智能素养是指人们在人工智能时代为了完成工作、生活、学习等多方面目标,合理、有效且符合伦理地融合使用人工智能的能力。

结合教师素养的概念,本研究中教师人工智能素养,从本质上来说,是一种在人工智能时代对教师作为专业人员的总体要求。一方面,需要适应人工智能时代的时代需求;另一方面,需要适应教师作为专业人员的职业要求。基于布鲁姆教育目标分类法(Bloom's taxonomy of educational objectives),布鲁姆认为教育目标可分为三大领域:认知领域、情感领域和动作技能领域。本研究的教师人工智能素养主要包括人工智能知识、人工智能技能、人工智能态度与伦理。

依据人工智能素养的概念,本研究从人工智能知识、人工智能技能、人工智能态度与伦理三个方面,进一步提出了教师人工智能素养的 3 个一级构成要素和 11 个二级构成要素。

一、人工智能知识

美国学者科勒(Koehler)和米什拉(Mishra)在舒尔曼(Shulman)提出的学科教学知识(Pedagogical Content Knowledge,简称 PCK)的基础上提出了整合技术的学科教学知识(Technological Pedagogical Content Knowledge,简称 TPACK)。TPACK 框架表明教师知识结构由学科知识(Content Knowledge,简称 CK)、教学知识(Pedagogical Knowledge,简称 PK)和技术知识(Technological Knowledge,简称 TK)三种基本知识构成,三者之间通过相互叠加和混合又分别形成另外四种混合知识类型:学科教学知识(PCK)、整

---

① 黄家伟.远程学习模式为计算思维发展的机遇和挑战[EB/OL].(2020-07-13)[2022-05-08]. https://mp.weixin.qq.com/s/Ly5wDxNRePUIrxMkxms7DA.

② 汪明.基于核心素养的学生智能素养构建及其培育[J].当代教育科学,2018(2):83-85.

合技术的学科知识(Technological Content Knowledge,简称 TCK)、整合技术的教学知识(Technological Pedagogical Knowledge,简称 TPK)和整合技术的学科教学知识(TPACK)。

进入智能化时代,人工智能知识(Artificial Intelligence Knowledge,简称 AIK)将成为教师技术知识的核心构成,并对教学知识和学科知识的表征及传递形式产生重要变革。因此,TPACK 框架只有不断更新内容,才能适应人工智能时代教师教学实践对其知识发展的需要。闫志明等人认为,应该将人工智能知识与思维纳入教师的专业知识体系,提出了整合人工智能的学科教学知识模型(AI-TPACK)。其中,人工智能知识表示技术知识的智能化发展,它会促进 TPACK 原有其他知识构成要素产生新的变化:由 TK 转变为人工智能知识(AIK);由 TPK 转变为“AI+教学”知识(AI+PK);由 TCK 转变为“AI+学科”知识(AI+CK);由 TPACK 转变为“AI+学科教学”知识(AI+PCK)。

因此,人工智能知识是人工智能时代教师需要掌握的技术知识,是人工智能素养的基础,对教师适应人工智能时代的教育教学活动具有重要意义。经济合作与发展组织(Organization for Economic Co-operation and Development,简称 OECD)1996 年在《以知识为基础的经济》(*The Knowledge-based Economy*)报告中提出了知识分类方法,“知识包括‘know what’(事实知识)、‘know why’(原理知识)、‘know how’(技能知识)和‘know who’(知道是谁的知识)等四类”。可以将人工智能知识分为人工智能事实知识、人工智能原理知识、人工智能技能知识和人工智能知识获取途径知识四类。

(一)人工智能事实知识

人工智能事实知识,即关于人工智能是什么的知识。教师应该对人工智能等相关概念以及人工智能发展史有清楚的认识,这些知识能够帮助教师识别人工智能,了解人工智能的发展过程。比如对于人工智能发展史需要了解以下事实知识。从历史视角来看,人工智能的发展共经历了三次浪潮。

1. 第一次浪潮(1956—1974 年)

1956 年,达特茅斯会议在美国的达特茅斯学院召开。[1] 参会人员有:约翰·麦卡锡(John McCarthy)、马文·明斯基(Marvin Lee Minsky)、克劳德·

---

① 尼克.人工智能简史[M].北京:人民邮电出版社,2017:1-5.

香农(Claude Shannon)、艾伦·纽厄尔(Allen Newell)、赫伯特·亚历山大·西蒙(Herbert Alexander Simon,别名司马贺)、塞弗里奇(Selfridge)、纳撒尼尔·罗切斯特(Nathaniel Rochester)、亚瑟·塞缪尔(Arthur Samuel)、摩尔(More)、雷·索洛莫洛夫(Ray Solomonoff)。其中前七位被称为"达特茅斯会议七侠"(图 3.1)。这次会议提出了"人工智能"(Artificial Intelligence, AI),正式宣告了人工智能作为一门学科的诞生。

图 3.1　达特茅斯会议七侠

"人工智能"这个词真正被共同体广泛认可是在 10 年后的 1965 年,在加州大学伯克利分校的欧陆派哲学家德雷弗斯(Dreyfus)发表了《炼金术与人工智能》一文之后。①

麦卡锡和明斯基的建议书里罗列了他们计划研究的 7 个领域②:(1) 自动计算机,所谓"自动"指的是可编程;(2) 编程语言;(3) 神经网络;(4) 计算规模的理论(theory of size of a calculation),这个说的是计算复杂性,明斯基后来一直认为计算理论是人工智能的一部分,后来一手组建了麻省理工学院的计算理论队伍;(5) 自我改进,这个是说机器学习;(6) 抽象;(7) 随机性和创见性。

1963 年,美国高等研究计划局(ARPA)投入了 200 万美元给麻省理工学院,开启了新项目 MAC(The Project on Mathematics and Computation)。这项计划培养了一大批最早期的计算机科学和人工智能人才。这个项目是麻省理

① 尼克.人工智能简史[M].北京:人民邮电出版社,2017:10.

② 尼克.人工智能简史[M].北京:人民邮电出版社,2017:11.

工学院计算机科学与人工智能实验室(MIT CSAIL)的前身。另外,麻省理工学院的约瑟夫·维森鲍姆(Joseph Weizenbaum)教授在1964年到1966年间建立了世界上第一个自然语言对话程序ELIZA。ELIZA通过简单的模式匹配和对话规则与人聊天。然而,从70年代开始,对人工智能的批评越来越多。一方面,有限的计算能力和快速增长的计算需求之间形成了尖锐的矛盾;另一方面,视觉和自然语言理解中巨大的可变性与模糊性等问题在当时的条件下构成了难以逾越的障碍。[①] 随着公众热情的消退和投资的大幅度削减,人工智能在70年代中期进入了第一个冬天。

2. 第二次浪潮(1980—1987年)

进入80年代,随着专家系统(expert system)和人工神经网络(artificial neural network)等技术的发展,人工智能的浪潮再度兴起。[②] 专家系统是一种基于一组特定规则来回答特定领域问题的程序系统。"专家系统之父"是爱德华·费根鲍姆(Edward Feigenbaum)。专家系统改变了人工智能的发展方向,科学家们开始专注于通过智能系统来解决具体领域的实际问题。与此同时,人工神经网络的研究也取得了重要进展。1982年,物理学家约翰·霍普菲尔德(John Hopfield)提出了一种新的神经网络,可以解决一大类模式识别问题,还可以给出一类组合优化问题的近似解。这种神经网络模型后被称为霍普菲尔德神经网络(Hopfield Net)。1986年,大卫·鲁梅尔哈特(David Rumelhart)等通过实验展示,反向传播算法(backpropagation)可以在神经网络的隐藏层中学习到对输入数据的有效表达,从此,反向传播算法被广泛用于人工神经网络的训练。

80年代后期,产业界对专家系统的巨大投入和过高期望开始显现出负面的效果。[③] 人们发现这类系统开发与维护的成本高昂,而商业价值有限。在失望情绪的影响下,对人工智能的投入被大幅度削减,人工智能的发展再度步入寒冬。

3. 第三次浪潮(2011年至今)

90年代开始,科学家们开始专注于发展能解决具体问题的智能技术,并引入不同学科的数学工具,比如高等代数、概率统计等。在数学的驱动下,新

① 汤晓鸥,陈玉琨.人工智能基础:高中版[M].上海:华东师范大学出版社,2018:6-7.
② 汤晓鸥,陈玉琨.人工智能基础:高中版[M].上海:华东师范大学出版社,2018:8.
③ 汤晓鸥,陈玉琨.人工智能基础:高中版[M].上海:华东师范大学出版社,2018:8.

的数学模型和算法发展起来，并逐渐应用于解决实际问题，比如语音识别、购物推荐等。进入21世纪，互联网的发展使人类迈入了“大数据”时代，电脑芯片的计算能力持续高速增长。在数据和计算能力指数式增长的支持下，人工智能算法取得了重大突破。2016年，谷歌通过深度学习训练的阿尔法狗(AlphaGo)程序在围棋比赛中以4∶1的成绩战胜了世界冠军李世石，引起了人们对人工智能的广泛关注。① 2017年12月，人工智能入选“2017年度中国媒体十大流行语”②。

（二）人工智能原理知识

人工智能原理知识，即关于人工智能运作机理及规律的知识。教师应该掌握人工智能的基本原理、性质和发展规律，充分掌握人工智能目前可以做什么、未来可以做什么，尤其需要掌握教育领域的人工智能目前可以做什么、未来可以做什么。比如应该了解人工智能的层次、人工智能的核心技术等。

1. 人工智能的层次

人工智能的层次从下往上包括基础设施层、算法层、技术层和应用层。③其中，基础设施包括硬件/计算能力和大数据；算法层包括各类机器学习算法、深度学习算法等；再往上是多个技术方向，包括赋予计算机感知/分析能力的计算机视觉技术和语音技术、提供理解/思考能力的自然语言处理技术、提供决策/交互能力的规划决策系统和大数据/统计分析技术。

2. 人工智能的核心技术

人工智能作为计算机科学的一个分支，离不开“芯片”“算法”和“数据”三大核心技术。④ 首先是人工智能的“芯片”。当前，作为基础技术的人工智能芯片搭载了神经网络的算法，已经从CPU（通用芯片）、GPU（通用芯片）发展到FPGA（半定制化芯片）、ASIC（全定制化芯片）架构的处理器。比如，很多智能家居设备已经植入了人工智能的神经网络芯片。而人工智能芯片的发展依赖于半导体技术。其次是人工智能的“算法”。“算法”一词在此特指计算机工作、完成任务的步骤。人们利用计算机解决问题的一般步骤大致分为

---

① 汤晓鸥，陈玉琨.人工智能基础：高中版[M].上海：华东师范大学出版社，2018：9.

② 赵倩，熊旭.北京语言大学发布2017年度中国媒体十大流行语[EB/OL].(2017-12-06)[2022-05-11]. http://edu.people.com.cn/n1/2017/1206/c1053-29690394.html.

③ 腾讯研究院，中国信通院互联网法律研究中心，腾讯AI Lab，等.人工智能：国家人工智能战略行动抓手[M].北京：中国人民大学出版社，2017：24.

④ 鲁昕.走近人工智能[M].北京：商务印书馆，2020：33-40.

六步：第一，对要解决的问题进行理解和分析；第二，找出解决问题的方法，建立相应的数学模型；第三，涉及计算机解决问题的具体步骤，即“算法”；第四，根据算法编写相应的计算机语言程序；第五，上机调试和检验程序；第六，下载程序交给计算机去执行。实际上，目前计算机真正能参与的是第五步和第六步，其他都是人来完成的。最后是人工智能的“数据”。数据(data)是计算机科学的一个专用术语，是指事实或观察的结果。在计算机系统中，数据一般以二进制信息0和1的形式表示。随着人工智能的快速发展和普及应用，大数据在不断累积，深度学习及强化学习等算法也在不断地优化。数据的规模和采集能力决定了人工智能在行业中的发展速度。人工智能芯片的出现大大提升了大规模处理大数据的能力和效率。大数据处理主要包括采集与预处理、存储与管理、分析与加工、可视化计算及数据安全等过程。同时，大数据的运用离不开“云计算”服务。“云计算”的实质是基于互联网的一种新型计算机工作模式，它是将以往本地计算机或服务器提供的存储、计算功能和数据信息等资源，通过互联网连接多台服务器的方式提供给用户使用。它具有规模大、廉价、按需服务和通用性好的特点。

（三）人工智能技能知识

人工智能技能知识，即关于应用人工智能的知识。教师应该具备操作人工智能所需的程序性知识，比如编程。教师还应该具备判断何时、何种情境使用人工智能的技能知识，以充分发挥人工智能的优势，提高教育教学效果。美国早已将软件编程纳入国民基础教育课程。2016年，盖洛普报告发现，40%的美国学校都设置了编程课程。英国从2014年9月起，5岁以上学生必须修读计算机软件程序设计课程。日本2016年开始将编程教学列为初中到大学的必修课程。韩国教育部从2018年起将软件编程纳入小学正规课程。因此，编程课程的开设需要教师具备编程知识。大体来说，教师应该了解的编程知识包括以下内容：

1. 编程的基础知识

在基础知识方面，教师需要掌握计算机导论、程序设计类课程、算法与数据结构、电路与电子技术、数字逻辑电路、网页设计与制作、scratch趣味编程、人工智能基础课程等。[①]

---

① 夏立，郑耿忠，傅胤荣. 师范院校人工智能与编程教师培养初探[J]. 中国信息技术教育，2020(21)：103－106.

2. 编程的核心知识

在核心知识方面，教师需要掌握从事编程教育方向所需的计算机组成原理、机器学习、数据库系统、计算机网络、操作系统、编译原理、物联网技术、模式识别等核心知识。

（四）人工智能知识获取途径知识

人工智能知识获取途径知识，即关于谁知道人工智能、谁知道如何应用人工智能的知识，这类知识的获得需要接触到相关专家或专业资源。教师应该知道如何获得人工智能相关知识，并利用多种途径获得人工智能知识。这些途径包括专家的学术论文、课程、讲座、研究报告、书籍等，还包括不同机构发布的人工智能报告、研究动态，可以通过高校官网、研究机构官网等获得。下面以斯坦福人工智能报告、芬兰编程教育项目和资源平台为例进行介绍。

1. 斯坦福人工智能报告

为持续关注人工智能的发展，斯坦福大学开展了名为“人工智能百年研究”(One Hundred Year Study on Artificial Intelligence，AI 100)的项目。该项目专家组定期就人工智能对人类生活各个方面的影响进行研究。2022 年 3 月 16 日，斯坦福大学以人为本人工智能研究所(Stanford HAI)正式发布了《2022 年人工智能指数报告》①(*Artificial Intelligence Index Report 2022*)。报告发现：中国 AI 期刊论文的引用数 2021 年排名第一(27.84%)，美国为 17.45%；中国在 AI 会议上的论文发表数量也排名全球第一，占比 27.6%，而美国为 16.9%，位居第三；AI 专利申请，中国申请数量占全球一半以上(51.69%)，美国为 16.92%；AI 公司数量，美国以 299 家领先，中国有 119 家。报告还指出了 2021 年人工智能发展的八大要点：人工智能领域的民间投资大幅增加；美国和中国主导了人工智能领域的跨国合作；语言模型比以往任何时候都更有能力，但也更有偏见；人工智能伦理无处不在；人工智能变得更可负担得起、性能更高；数据跨技术基准测试的最佳结果越来越依赖于使用额外的训练数据来设置新的最先进的结果；有关人工智能的全球立法比以往任何时候都多；机械臂变得越来越便宜。

① Stanford Human-centered Artificial Intelligence. Artificial Intelligence Index Report 2022 [EB/OL]. (2022 - 03 - 16)[2022 - 05 - 16]. https://book.yunzhan365.com/iths/eyhd/mobile/index.html.

2. 芬兰编程教育项目和资源平台

以芬兰编程教育项目和资源平台为例(见表 3.1),其旨在为师生提供编程教育专业指导和资源支持,提高教师的编程教学能力,多为非营利和公益性质。其中,“伊诺卡斯合作网络”(Innokas Network)是芬兰国家层面旨在促进机器人和编程教育的大型项目,面向对象是所有人。该项目得到国家教育委员会资助,并由赫尔辛基大学及埃斯波市政部门统筹运作,旨在促进学校STEAM学科与数字制造、编程、机器人等教育活动深度融合。① 项目内容包括教师在职培训、编程及机器人教育创新等系列活动。

表 3.1 芬兰中小学编程教育主要项目和资源平台②

项目/平台名称	营利性质	面向对象	目标任务	活动形式
Innokas Network	非营利	所有人	指导鼓励师生、学校管理者创造性地使用技术工具	机器人工作坊、教师培训
Koodaustunti	免费	所有人	一小时计算机科学介绍类课程	师生可从一系列活动中自由选择
Koodikirja. fi	非营利	所有人	打造编程培训统一平台,提升所有人的编程能力	提供编程任务供个人、学校完成或学生在家庭中与父母共同完成

二、人工智能技能

当前,人工智能在跨学科和跨行业中发挥着关键作用,对其进行掌握成为基本技能。③ P班小瑞同学在其作业中提出,人工智能时代的教师要提升人工智能教育应用能力。

教师要提升人工智能教育应用能力,积极参与学校的课程学习,学习人工智能教育应用的相关知识,并参与人工智能相关的实践活动。(小瑞,P班)

---

① 康建朝.芬兰中小学编程教育的缘起、实践路径与特征[J].电化教育研究,2021,42(8):101-107,115.

② Tuomi P, Multisilta J, Saarikoski P, et al. Coding skills as a success factor for a society[J]. Education and Information Technologies, 2018, 23(1): 419-434.

③ Ng T K. New interpretation of extracurricular activities via social networking sites: A case study of artificial intelligence learning at a secondary school in Hong Kong[J]. Journal of Education and Training Studies, 2021, 9(1): 49-60.

"人工智能技能是指在实践过程中识别、分析、应用和创造人工智能的能力。"①教师的人工智能技能主要包括识别人工智能的技能、分析人工智能的技能、应用人工智能的技能、创造人工智能的技能。

(一) 识别人工智能的技能

识别人工智能的技能是指能够区分使用和不使用人工智能的产品。教师应该具备辨认识别人工智能应用产品的能力,这是将人工智能产品应用于教育教学的前提。

(二) 分析人工智能的技能

分析人工智能的技能是指能够评估使用人工智能的结果,包括积极影响和潜在的风险,以此可以辩证地来看待使用人工智能的利弊,从而尽可能规避潜在风险,充分利用人工智能的积极影响。

(三) 应用人工智能的技能

应用人工智能的技能是指能够在各类场景中熟练运用人工智能相关产品解决复杂问题。教师应该掌握能够强化课堂教学效果所需要的人工智能产品应用技能,以此提高学生的学业成绩,并促进学生的全面发展。

(四) 创造人工智能的技能

创造人工智能的技能是指结合实际情况创造性地使用人工智能以及开发人工智能产品的能力。教师在日常教学活动中,可以针对具体的教学情境需要,对人工智能产品进行改造,甚至再创造,以增强人工智能产品的情境适用性。

三、人工智能态度与伦理

人工智能态度与伦理的重要性在人工智能时代将空前凸显,无论教师处于哪个年龄阶段、有何种教育教学经验、教授何种学科,都应该意识到人工智能对教育教学产生的重大影响。尤其重要的是,教师还要充分认识到人工智能时代对现有法律规定和伦理规范所带来的挑战,并有能力在教育教学中妥善应对。

人工智能态度与伦理包括人工智能信念态度以及人工智能伦理与道德

① 王奕俊,王英美,杨悠然.高等院校人工智能素养教育的内容体系与发展理路[J].黑龙江高教研究,2022(2):26-31.

规范，关注的是教师在教育教学过程中有志趣地、符合伦理地、有道德地使用人工智能的能力，教师需要反思人工智能对人类发展的影响以及如何积极应对教育教学中可能出现的伦理与道德困境。各国政府、研究机构、国际组织等提出了一系列关涉人工智能态度和伦理的准则政策倡议等。（见表3.2）

表3.2　人工智能伦理准则倡议政策

时间	发布方	标题	主要内容
2017年1月	人类未来研究所	《阿西洛马人工智能原则》	提出价值耦合、安全可靠、个人隐私、人类价值观、共享繁荣等23条原则
2018年1月	谷歌	《谷歌人工智能原则》	提出对社会有益、对人负责、隐私设计、避免偏见等原则
2018年4月	英国上议院特别委员会	《人工智能代码五项原则》	提出人类共同利益、公民教育、保护隐私等
2019年3月	北京智源人工智能研究院等	《人工智能北京共识》	针对人工智能的研发、使用、治理三方面，提出了15条原则
2019年4月	欧盟	《可信赖人工智能伦理指针》	提出确保人工智能使用安全可靠、合乎道德，从而最大程度地降低风险、造福人类
2019年6月	中国国家新一代人工智能治理专业委员会	《新一代人工智能治理原则——发展负责任的人工智能》	提出“和谐友好，公平公正，包容共享，尊重隐私，安全可控，共担责任，开放协作，敏捷治理”八项重要原则
2019年10月	美国国防部国防创新委员会	《人工智能准则：推动国防部以符合伦理的方式运用人工智能的建议》	提出军用人工智能的五项原则，分别是负责的、公平的、可追溯的、可靠的和可治理的
2020年2月	美国国防部	《人工智能军事应用原则》	正式采用五项原则
2020年11月	美国行政和预算管理局	《人工智能应用监管指南》	提出人工智能应用程序的管理原则：公众信任、公众参与、科学诚信与信息质量、风险评估和管理、收益和成本、灵活性、公平和反歧视、信息披露和透明度要求、安全、机构间协调

（续表）

时间	发布方	标题	主要内容
2021年4月	欧盟	《人工智能伦理准则》	提出人工智能应该尊重欧盟的价值观和基本权利，以及诸如问责制和透明度等道德原则。应该将人类的基本权利作为任何人工智能系统的核心。在这份报告中，欧盟希望能够产生“值得信赖和有效的人工智能技术”的八个基本领域：人类力量与监督、稳健性和安全性、隐私和数据管理、透明度、多样性、非歧视性和公平性、社会和环境福祉、问责机制
2021年5月	美国国防部	《负责任地使用人工智能（RAI）六项原则》	提出负责任人工智能治理、作战人员信任、需求验证等六原则
2021年9月	中国国家新一代人工智能治理专业委员会	《新一代人工智能伦理规范》	提出6项基本伦理要求和18项具体伦理要求
2021年11月	联合国教科文组织	《人工智能伦理问题建议书》	提出发展和应用人工智能要体现出四大价值，即尊重、保护和提升人权及人类尊严，促进环境与生态系统的发展，保证多样性和包容性，构建和平、公正与相互依存的人类社会。明确了规范人工智能技术的10大原则和11个行动领域，尤其强调要在利用人工智能解决环境问题的同时，避免因为使用这项技术而破坏环境，强调透明性与可解释性
2021年12月	英国数据伦理与创新中心	《人工智能保障生态系统路线图》	提出着力于构建英国人工智能保障的总体框架和行动路径，并明确了开展工作的关键领域和利益攸关方，以及审计、认证、评估、合规、问责等治理工具和手段，从而整合成为一个有利于防范整个供应链中的散在风险、确保安全和符合伦理的应用，并增强产品竞争力的综合性人工智能保障生态系统

（续表）

时间	发布方	标题	主要内容
2022年3月	中共中央办公厅、国务院	《关于加强科技伦理治理的意见》	提出伦理先行、依法依规、敏捷治理、立足国情、开放合作五项治理要求。明确增进人类福祉、尊重生命权利、坚持公平公正、合理控制风险、保持公开透明五项科技伦理原则。提出健全科技伦理治理体制，加强科技伦理治理制度保障，加强科技伦理审查和监管，深入开展科技伦理教育和宣传

（一）有志趣地使用人工智能

教师人工智能态度主要涉及如何看待人工智能和人类，包括教师人工智能志趣。这一方面涉及教师对人工智能的志向与兴趣，即教师对人工智能是否感兴趣、是否愿意使用人工智能、是否愿意学习人工智能。教师对人工智能的好奇心和兴趣，影响着教师对人工智能的使用效果，尤其是在面对问题的时候，是否愿意去解决问题。据领英2020年《全球人工智能领域人才报告》，中国的人工智能人才缺口已超过500万人，可见我国人工智能人才极度匮乏。人工智能人才的培养离不开教师，教师对人工智能的志趣潜移默化地影响学生的选择。因此，教师应该培养个人对人工智能的兴趣，并积极引导学生对人工智能的兴趣。P班小仪同学在其作业中提到，作为师范生，对待人工智能不应过度悲观或过度乐观，而要提高自身素养，保持积极向上的态度，提升对人工智能的兴趣，主动学习人工智能知识等。

师范生应保持理智客观的态度，切勿持过度悲观和过度乐观的极端态度。师范生应该主动去接纳、学习人工智能，理解大数据时代教育行业的需求，提高自我教学素质与水准，不让自我成为时代浪潮下的过客，即所谓的反面教材。从点滴中提高人工智能的运用性和融合性，理解自己的不足与需要提高之处。不要轻易断定自己会被人工智能时代抛弃，保持积极向上之态度，培养对人工智能的兴趣，认同人工智能的发展，清楚自身无法同机器比拟的不足。（小仪，P班）

（二）合道德地使用人工智能

在使用人工智能产品时，教师要遵循道德规范。有学者指出，“大部分人关注到人工智能设备的存在，也在接受一些人工智能服务，但很少有人知道其背后的原理，也很少有人意识到与人工智能相关的潜在道德问题”①。教师需要学习如何明智地使用人工智能产品，还要学习如何区分道德和不道德行为。在使用人工智能过程中，教师要做到不损害他人。P班小明同学在其作业中提出，要正确看待人工智能，还要合道德地使用人工智能。

应客观正确地看待人工智能时代的到来，既要看到人工智能给教学带来的便利，也不能忽视其潜藏的弊端。不仅要做到积极地看待技术发展，还要做到合道德地使用技术。（小明，P班）

（三）负责任地使用人工智能

在使用人工智能产品时，教师要具有责任心。由于算法偏见和人们对人工智能的恶意使用，人工智能会带来新的风险。“人们经常忽视人工智能伦理的重要性。在工作环境中，人工智能伦理被认为与技术问题无关或是多余的考虑。比如对于软件开发人员，经济激励会使他们违背对道德原则和价值观的承诺。”②2019年4月欧盟发布的《可信赖人工智能伦理指针》，2020年11月美国发布的《人工智能应用监管指南》，2021年9月中国发布的《新一代人工智能伦理规范》，以及2021年11月联合国发布的《人工智能伦理问题建议书》，都强调人工智能的可解释性和透明性问题。

综上，人工智能素养所包括的人工智能知识、人工智能技能、人工智能态度与伦理具有整体性、系统性的特征，三者之间相互联系、相互影响。其中，人工智能知识是人工智能技能和人工智能态度与伦理的基础，人工智能态度与伦理是习得人工智能知识和人工智能技能的保障。

---

① Ghallab M. Responsible AI: Requirements and challenges[J]. AI Perspectives, 2019, 1(1): 1-7.

② Hagendorff T. The ethics of AI ethics: An evaluation of guidelines[J]. Minds and Machines, 2020, 30(1): 99-120.

第二节　走向人的教师素养：人类特有素养

人工智能时代要培养怎样的人？对这一问题的回应，是讨论人工智能时代需要怎样的教师的逻辑前提。项贤明认为，“要成功应对人工智能的挑战，教师在道德、情感、哲学、审美、批判性思维和创造性思维等领域具有很高的素养是十分关键的”[①]。“未来人才需要具备‘21世纪能力’，包括信息素养、批判性思维、创造性与问题解决能力、自我认识与自我调控能力、学会学习与终身学习、公民责任与社会参与等内容。”[②]走向人意味着教师应该投入对学生的高阶思维培养、教学设计、情感互动等人类更擅长的工作中。

诸多师范生在其作业中提到人工智能时代的教师应具备创新素养、研究素养、情感素养、审美素养、终身学习素养、批判性思维、系统性思维等。

P班小涵在作业中提到，人工智能时代的教师应该具备创新素养。

人工智能与人类最大的区别是有无创造性思考的能力。未来，基础知识的传授也许可以交由AI，但关于价值观、创造力等的教育仍需要人类教师的参与。教师应该担当学生正确价值导向者、创造力培养发掘者的角色。（小涵，P班）

P班小洁同学在其作业中指出，人工智能时代的教师应具备创新素养、信息素养和情感素养。

教师在人工智能时代应具备以下素养：第一，创新素养，在对学生进行教育的过程中需要探索更具创新性的教学方法，力求培养学生的创新性思维。第二，信息素养，教师不应将自己的眼光只专注于书本上，要学习如何灵活运用互联网技术，要有获取新信息的强烈意愿与意识，能够主动从生活实践中不断查找、探究新信息。第三，情感素养，人工智能缺乏人类情感，是无法与人类进行共情的，所以，教师应更加注重学生的情感，并去学习心理相关知识，使得自己的情感分析能力更加完善。（小洁，P班）

P班小峰在作业中提到，人工智能时代的教师应该具备研究素养。

---

① 项贤明.在人工智能时代如何学为人师？[J].中国教育学刊，2019(3)：76－80.

② 北京师范大学中国教育创新研究院.破译21世纪核心素养教育的全球经验[N].中国教师报，2016－06－08(3).

人工智能时代的教师应具备研究素养。(小峰,P班)

P班小怡、P班小汉在作业中提到,人工智能时代的教师应该具备情感素养。

人工智能时代的教师应具备道德素养、情感素养。德育是教师不可替代的职能。人工智能时代,教师的德育职能也是不可丢弃的,道德感让我们在成年后能够更好地融入和谐的社会,使得人与人的交流更有分寸感,这是不具有情商的人工智能无法做到的。共情能力是人类深入情感交流必不可少的。师生沟通的温情,是人工智能无法替代教师带给学生的。老师在学生成长过程中不可或缺,所以应当承担情感的理解寄托者。(小怡,P班)

人工智能时代,教师应该更加注重的是教学方式和帮助学生发展心智,注重情感情绪教育,给学生提供人文关怀和心灵的滋养,化解学生之间的矛盾。(小汉,P班)

P班小敏同学在其作业中提出,人工智能时代的教师要具备情感素养、批判与创新思维、同理心。

首先,情感素养。情感是人工智能无法取代教师的关键,人工智能是科学的成果,科学是人类理性的成果,而人类除了理性之外,还包括感情等感性方面。人类在非理性方面表现出的独特人格魅力是人工智能无法超越的,教师对于学生的情感关怀是机器永远无法做到的。其次,批判与创新思维。批判性思维是人类所独具的,教师更是需要全面考虑事物,既需要考虑事物的有利的一面,也要考虑不利的一面。对于教学,更需要多样化教学,既要找出学生的优点加以培养,也要找出学生的缺点加以纠正。最后,同理心。教师在学生心中具有不可替代的位置,不仅仅是因为教师传授知识给学生,更是因为教师能够理解学生的心理,能够感同身受,具有同理心,这是人工智能做不到的,需要教师来补充。(小敏,P班)

P班小婷在作业中提到,人工智能时代的教师应该具备开放思维、创新思维和学习思维。

人工智能时代,教师应该具备开放思维、创新思维和学习思维。如何将人工智能同教学相融合是当下老师所要面对的一个难题,因此这就要求老师具备三者。开放使老师更有气量去接受新鲜的事物。人工智能时代下,新鲜事物总是层出不穷,要想进入学生的心里,了解学生的世界也就必不可少了。而具备创新能力的老师更容易使学生对老师产生一种钦佩感,容易接受老师的教学。就学习思维而言,这应该是老师所必须具备的。人工智能也是一个不断发展的过程，它也必定会和教育产生不可分割的联系。因此对于一个老师来说学习的并不仅仅是自己的专业内容，更是社会发展的趋势。(小婷，P班)

P班小然同学在其作业中提出，人工智能时代的教师要培养系统性思维。

机器人只会在某一个领域很擅长，如果让它去分析一件事情，它未必能分析出来。而我们人类在考虑事情的时候，会从各个大大小小的方面去分析、去观察，唯恐自己漏掉了某一点。学会把事物当成一个整体去分析，这样可以更好地对班级进行管理。(小然，P班)

P班小涵同学在其作业中提出，人工智能时代的教师要有共情能力、要起到模范作用、要提高创新能力、要有研究素养、要有文化素养。

人工智能时代教师要有足够的耐心、热情、共情能力，能观察到学生的情绪，使学生拥有更好的生活学习状态。教师要热爱事业，认真对待教学工作，关心每一个孩子的成长进步。教师要遵循“行为世范，为人师表”的原则。教师要提高自身创新能力，努力学会运用好人工智能，开拓更多教学模式。教师也要具备更高的教育研究素养，改进各种教育问题。教师也需要有更宽厚的文化素养，在人工智能可以提供全面知识素养的同时，带给学生更多美学上的体验，让学生身临其境地感受文化滋养。(小涵，P班)

P班小钰同学、P班小馨同学在其作业中提出，人工智能时代的教师应该具备道德素养、情感素养、哲学与审美素养、创新素养。

人是万物之灵，人工智能时代，教师相较于人工智能具有在道德、情感、审美、创造性等方面的优势，这些都是人之所以为人且人工智能难以超越人类的关键特质。因此，我们必须不断提高这些优势，使教师与人工智能优势互补，将教育效率最大化。新一代教师要全面发展，首先必须具备道德素养。道德是智能发展到高级阶段的产物，是智能的高等表现形式之一，也是个体智能通过组织转化成可控制的群体乃至整个人类智能的关键因素。其次要具备情感素养。我们的理性遵循同一逻辑，而非理性却极具个人的独特性，人类在非理性方面表现出的这种个人独特性，是人工智能很难模拟和超越的。再次，哲学与审美素养使我们人类的生活更有意义、更加美好。最后是批判性思维和创新思维的素养。作为人类高阶思维的一部分，批判性思维是人类立于不败之地的根本。(小钰，P班)

教师应当有道德、有情感、有审美、有创造力，这些都是人工智能所不具备的。正如杨绛先生所说：“人虽然渺小，人生虽然短，但是人能学，人能修身，人能自我完善，人的可贵在人自身。”教师亦是如此，人本身就很可贵。陶

行知曾说:"先生不应该专教书,他的责任是教人做人"。(小馨,P班)

P班小南同学在其作业中提出,人工智能时代的教师应重视学生的思想引导,注重培养学生的学习能力,起到文化传承的作用。

首先,教师应该更多充当思想道德建设的引导者,引导学生塑造正确的世界观、人生观、价值观,端正规范、约束学生的行为习惯;其次,教师应当注重于培养学生的学习能力,增强学生的求知欲望,提升学生的学习技能;再次,教师应当肩负起文化、情感的传承与发扬的责任,弘扬优秀中国传统文化乃至世界优秀传统文化。综上所述,教师的教学重点将从知识类转向情感、技能、观念类。(小南,P班)

作为未来的教师,师范生对人工智能时代教师素养的期望,会影响其在求学过程中的素养培养,为未来的教育教学做准备。从作业中可以看出,大部分学生都认为人工智能时代教师应具备的素养主要是走向人的素养。

一、创新素养

大多数研究者认为,创新素养是人工智能时代需要具备的重要素养,是人工智能难以超越的人的素养。华东师范大学顾小清教授指出,"人工智能时代要培养创新人才"①。创新人才需要具备创新素养,所谓身教重于言传,因此,人工智能时代的教师需要具有创新素养。创新素养也是作为人区别于机器的重要素养。

P班小怡同学、P班小游同学在其作业中提出,人工智能时代的教师要有创新素养。

Alt school的学习清单与学习进程两个系统的开发基于两个基本理念:一是"我们告诉老师我们雇佣的是你们创新的大脑,任何时候当你们正在做的工作不需要创新的大脑,而是一台电脑就可以与你做得一样好甚至比你做得更好,就应该让电脑去做"。二是"我们鼓励教师团队表达他们教学中难受的地方(痛点),想到什么点子都可以一试,敢于冒一点风险,在错误中前进,快速试错,因为这样我们才能快速迭代更新"。其核心都是鼓励教师进行创新。教师的创新素养就是要对教育教学具有挑战心、好奇心、想象力,把教育教学看作引领学生主动学习、探究反思、变化更新的创新过程,在教学中持续

① 顾小清.AIED:分享ECNU的研究[EB/OL].(2020-07-13)[2022-05-08].https://mp.weixin.qq.com/s/Ly5wDxNRePUIrxMkxms7DA.

不断创新，把每次教学都当作创意设计和实施的过程。（小怡，P班）

人工智能时代，随着算法算力的急速进步，人工智能的智力超越人类似乎指日可待。然而面对广大学生各不相同的教学需求，即使是最强大的人工智能也无法即时做出符合需求的教学方案。此时就要考验教师的创新能力，以人类独特的思考方式突破教学难点。另外，人工智能在教学进程受各种因素延缓时，需要大量的时间进行分析、评估和调整，而一名具有创新素养的教师能更快试错，更快改错，在随机应变中取得进步。最后，教师的创新举动往往会启发学生做出效仿，打开思路，在潜移默化中培养自己的创新素养。（小游，P班）

吉尔福特(Guildford)提出富有创造性的个体的人格特征是：第一，有高度的自觉性和独立性；第二，有旺盛的求知欲；第三，有强烈的好奇心，对事物的运动机理有深究的动机；第四，知识面广，善于观察；第五，工作中讲求条理性、准确性、严格性；第六，有丰富的想象力、敏锐的直觉，喜好抽象思维，对智力活动与游戏有广泛兴趣；第七，富有幽默感，表现出卓越的文艺天赋；第八，意志品质出众，能排除外界干扰，长时间地专注于某个感兴趣的问题之中。① 吉尔福特认为，创新素质构成体系包括创新的操作系统和创新的动力系统。其中，创新的操作系统包括智力结构、创新思维、想象力、知识（认知风格）；创新的动力系统包括非智力范畴内的气质品质、动机特征（包括兴趣）、情感、意志、性格。基于吉尔福特关于创新特质的分析②，创新素养的构成要素包括知识结构、认知能力、创新意识、创新思维及人格特征。

（一）创新的知识结构

创新的产生需要掌握大量的知识，但仅仅具有知识并不一定就会实现创新。创新的实现需要高质量的知识、贯通性的知识结构以及实践中积累的默会知识。

1. 创新要求人们具有高质量的知识

高质量知识的表征是：条件化、结构化、自动化、策略化。这样的知识可以在解决问题的过程中被有效提取和创造性使用。其中，条件化是指将所学知识与知识应用的触发条件结合起来，形成条件性知识。结构化是指当知识以层次网络方式表征时有助于问题解决和创新的产生。自动化是指通过从

① Guildford J P. Creativity[J]. American Psychologist, 1950, 5(9): 444 - 454.
② 吴淑芳. 大学教育与人的创新素养发展：基于大学生活的社会学考察[D]. 上海：华东师范大学，2013.

知识记忆模糊到条理清晰再到有效迁移的反复强化以达到知识的熟练和自动化，以此可以快速、方便地组织、提取知识来应对问题情境。策略化是指运用策略性知识监控思维的信息加工过程和任务完成过程，从而帮助人们选择恰当的策略并优化执行过程。策略性知识是指在学习情境中，人们对任务的认识、对学习方法的选择和对学习过程的调控，包括认知策略、调控策略和资源管理策略。

2. 创新要求人们具有合理的知识结构

创新所需要的知识包括基础知识、专业知识、哲学知识、方法论知识和创新技法知识。其中，基础知识是指社会生活中的一般常识。专业知识是指学科知识，包括同一领域和同一方向的相关学科知识。哲学知识是指导知识与实践的最概括的方法论。方法论知识包括学习方法、科研方法、思维方法、记忆方法等知识。创新技法知识是指人们根据创新活动的经验和创新思维发展规律总结和归纳的实用性的创新技巧、方法及原理。

3. 创新要求人们在实践中积累默会知识

默会知识(Tacit Knowledge)本质上是一种理解力，是领会经验、把握经验、重组经验并达到对经验理智控制的能力，是个体在实践生活中获得的知识。波兰尼(Polanyi)指出，一方面，默会知识与个人的身份联系在一起，关乎身份的行动知识，包括言谈方式、行为准则、道德规范等。另一方面，默会知识存在于一定的情境之中。[①] 因此，默会知识的学习需要进入默会知识存在的实践共同体中，与特定的任务、问题情境联系在一起。

（二）创新的认知能力

创新的产生需要具备较高的认知能力。认知能力是指人脑加工、储存和提取信息的能力，即一般所讲的智力，如观察力、记忆力、想象力等。[②] 认知能力是人们完成实践性活动的重要能力。

1. 创新需要敏锐的观察力

观察力是指主体正确观察对象、认识对象的能力。创新的产生需要具备以下特征的观察力：具有强烈的观察意识；具有明确的观察目的和任务；能制定出观察计划；能做到全神贯注，注意力集中；能运用相关知识和科学的观察方法；能做到观察的敏锐性、准确性、全面性；吃苦耐劳、持之以恒。

---

① 高文，等. 学习科学的关键词[M]. 上海：华东师范大学出版社，2009：90－91.

② 卢东山. 中国学前教育百科全书·心理发展卷[M]. 沈阳：沈阳出版社，1995：121.

2. 创新需要强大的记忆力

记忆力是指人们对经验的识记、保持和再现的能力,从信息加工的角度来看,记忆力指人脑对信息的输入、编码、储存和提取的能力。创新的产生需要具备以下特征的记忆力:记忆敏捷、速度快;记忆内容多、广度大;记忆准确无误;记忆持久;对记忆内容提取速度快。

3. 创新需要丰富的想象力

想象力是指人们在现有认识基础上,在头脑中加工、处理各种信息,构建新形象的能力。爱因斯坦认为,"想象力是科学研究中的实在因素"①。创新的产生需要具备以下特征的想象力:丰富、积极、主动、灵活;具体、鲜明;独特;有实现的可能性。

4. 创新需要较强的思维力

思维力是指主体运用一定知识,通过理解、比较、分析、综合、抽象、概括、判断、推理、论证和表述,得出某种正确结论和问题解决方案的能力。创新的产生需要具备以下特征的思维力:较强的理解力、比较力、分析力、综合力、抽象力、概括力、判断力、推理力、论证力、表述力。

5. 创新需要熟练的操作力

操作力是指主体运用已有知识、技能,接受思维指令,调动自身各肢体,改变客体现存形态以适应主体需要的能力。创新的产生需要具备以下特征的操作力:操作准确;眼明手快;动作协调;操作灵活,能根据具体情况及时调整。

(三) 创新意识

"创新意识是指创新主体在不断运动变化的外界刺激下,自觉产生的改造客体现状的创新意愿、创新观点、创新思想等的总和,是一切创新的观念形态。"②创新意识有以下特点:根本表现在于怀疑、超越、破旧立新;价值要求在于进步、发展;追求在于审美;最突出特点是各种创新品格的有机统一,比如感性与理性的统一、智力与非智力的统一、意识与潜意识的统一、知识与道德的统一。

P班小宁同学在其作业中提到,人工智能时代的教师应有创新意识。

在人工智能时代,无论是不是师范生,创新都是作为人有别于人工智能

① 爱因斯坦文集(第1卷)[M].许良英,范岱年,编译.北京:商务印书馆,1976:284.
② 殷石龙.创新学引论[M].长沙:湖南人民出版社,2002:122.

的一大特性。尤其是师范生，承担着教书育人的重要使命，更要有创新的意识来教育学生。（小宁，P班）

（四）创新思维

创新思维是指主体在实践经验基础上，通过超常的思考方式，产生独特新颖认识成果的心理活动；从信息论的角度看，创新思维是大脑对内外信息进行加工改造，发现新问题，产生新关系，形成新组合、新模式的活动过程。创新思维有以下特征：突破性，即打破思维定式，批判已有观点理论；新颖性，即运用新方法、新材料，产生新思路；独立性，即不盲从，不屈服于权威，有自主性；综合性，即创新思维过程中运用的多种思维形式，比如逻辑思维、发散思维、形象思维、聚合思维、求同思维、求异思维、正向思维、逆向思维等，还包括非思维形式，比如直觉、灵感、想象、观察等；辩证性，即遵循辩证法原理，随着事物的发展变化，调整思考问题的角度和方法，修正已有观点或结论；开放性，即不断吸收新信息、新材料。

P班小硬同学在其作业中提到，人工智能时代的教师应具有创新思维。

人工智能时代，教师应该具备创新思维。在"人机共教"的过程中，不能够一味依赖人工智能。人类的创新思维，是使我们立于不败之地的重要因素之一，教师对人工智能的教育进行创新性协调，帮助学生培养创新思维，对学生以后的发展具有重要意义。（小硬，P班）

（五）创新的人格特征

人格特征是指在组成人格的因素中，能引发人们行为和主动引导人的行为，使个人面对不同种类的刺激，都能做出相同反映的心理结构。具有创新潜质的人具有以下人格特征："有强烈的求知欲；有丰富的想象力；有强烈的好奇心；坚韧不拔、执著追求；独立自信；自制力强；能全身心投入。"[①]其中，对于创新者而言，其人格特征中最突出的是以好奇心为动力，为了满足自我求知欲而坚韧不拔、执著追求的特征远超常人。

二、研究素养

人工智能时代，研究素养是教师需要具备的重要素养，是人工智能难以超越的人的素养。教师研究素养包括研究意识、研究知识和研究能力。

① 张庆林.创造性研究手册[M].成都:四川教育出版社,2001:319.

P 班小怡同学在其作业中提出，人工智能时代的教师要有研究素养。

教师成为研究者，既是对教师通过反思、研究持续改善教学的内在要求，也是教师自主专业发展的重要路径。要应对未来学习、教学与教育变革的挑战，教师首先要通过研究与学习洞悉未来教育教学的变革方向，熟悉数字化资源、环境与学生、学习内容相互融合、联通的内在机制，使教师自身成为未来学习、教学与教育变革的参与者、体验者与促进者。对于如何深入了解学生的思想认识、个人经历、生活背景、价值观念、情绪情感等复杂问题，需要教师能够借助心理学知识和信息技术、人工智能技术的工具、手段，系统掌握每个学生的背景，从而基于每个学生的个体差异，为学生研究制定匹配的个性化、定制化的学习计划、进度安排与评价方式。（小怡，P 班）

（一）研究意识

研究意识是教师开展教育教学研究活动的内驱力。正确的研究意识在教师教育教学过程中起着指导作用。教师研究意识表现在教师对于教育教学活动的经验具有总结与反思的意识，比如有听课磨课意识、有针对性的案例分析意识、有写教育随笔的意识、有参与课题申请的意识。

P 班小熙同学在其作业中提出，人工智能时代的教师要有研究意识。

人工智能时代，教师要开阔眼界，善于思考，有研究意识。教师要未雨绸缪，辩证地思考问题，考虑将来如何成为一个有担当的教师。（小熙，P 班）

人工智能时代，势必会产生一些新的教育教学问题，教师应该对这些问题具有敏感性，树立积极的研究意识。

（二）研究知识

研究知识是教师开展教育教学研究活动的基础。教师开展教育教学研究需要具备一定的基本原理和基础知识。对于中小学教师而言，研究知识既包括关于教育基本理论、教育心理学、教育管理学等基本理论的知识，也包括教育研究方法的知识，还包括学术论文写作等方面的知识。

P 班小娟同学在其作业中提出，人工智能时代的教师要成为教育教学活动的研究者，要具备一定的研究知识。

基于学生发展的需要、教师价值实现的需要以及教育革新发展的需要，教师应成为教育教学的研究者。教师应主动学习教育研究知识，不仅要掌握教育相关理论，还要学习教育研究方法的相关知识，从而在教学实践中发现问题、思考问题、研究问题、解决问题。通过不断反思教育实践，促进教师专

业化发展，成为幸福教师。（小娟，P 班）

人工智能时代，对教师研究知识也提出了一些新的要求，随着时代的发展，教育学等理论知识及研究方法知识也在发展，因此研究知识也是不断变化的。

（三）研究能力

研究能力是教师开展教育教学研究活动的保障。具备研究能力，可以帮助教师探索教育规律，解决实践问题。教师研究能力包括发现问题的能力、研究设计能力、实施研究的能力、反思研究的能力等。发现问题的能力是指教师能从教育实践过程中，发现值得研究、可以研究的真问题。研究设计能力是指教师能够依据相关理论，设计研究框架、选择研究方法的能力。实施研究的能力是指教师能够根据研究设计开展研究的能力。反思研究的能力是指教师能够对整体研究的收获与不足进行反思的能力。

D 班小瑶同学在其作业中提出，人工智能时代的教师要具备反思能力。

人工智能时代的教师应具备反思能力，跟随时代发展创新自己的教学方式，以研究者的身份和研究的姿态不断反思教育实践，促进教育专业化发展。（小瑶，D 班）

人工智能时代，人工智能代替教师从事一些重复的、耗时的工作，教师可以将更多的精力用于从事教育教学研究，这对教师的研究能力也提出了更高的要求。

三、情感素养

教师与人工智能的重要区别之一是教师具备情感。对于人类而言，情感是非理性的，具备情感是人之为人的重要特征。即便现在有专家在研究使人工智能拥有情感，但基于数据和模型的情感与人类基于非理性的情感是有差异的，人工智能始终是人造物，不可能具备人类情感。

P 班小娜同学在其作业中提出，人工智能时代的教师要发挥育人和立德树人的作用。

作为师范生，对于人工智能时代的到来，要发挥其作为人类的优势，牢记教书育人和立德树人，做一名合格的师范生、教师，明师德。随着人工智能时代的到来，教师的部分工作也许会被取代，但是育人工作是任何先进技术都不能取代的。教书育人和立德树人是教师神圣与庄严之所在，培育和践行社会主义核心价值观，推动中华优秀传统文化的创造性转化、创新型发展，十分

有利于培养和增强教师教书育人的本领。(小娜,P班)

人工智能时代教师应关注师生对话与情感交流。美国计算机科学家、未来学家杰瑞·卡普兰(Jerry Kaplan)指出,未来工作需要与他人建立情感联系、展现同理心,需要人类独有技能参与其中。教师在教育教学过程中的情感素养主要体现在对学生的同理心,与学生的沟通交流,对学生生命意义的关怀。

(一)对学生的同理心

人工智能时代,教师要对学生有同理心。同理心即站在他人立场,为他人考虑,设身处地地理解他人的心理。教师的同理心表现在能与学生产生共情。教师具备同理心对培养学生具有重要意义。正如杰夫·科尔文(Geoff Colvin)的观点,“同理心是培养人类最重要能力的关键,其作用之大,超乎想象”[①]。因此,教师应该具备对学生的同理心。

P班小瑞同学在其作业中提出,教师与学生的关系更为亲近。

老师的工作不仅仅是教学。通常情况下,大多数老师都和学生很亲近。当然,这是有原因的,孩子们花很多时间和他们在一起,谈论各种各样的话题,老师们总是会支持和帮助他们。许多孩子甚至愿意把他们的秘密告诉老师,却不告诉他们的父母。机器人却不具备人类的同情心和爱的品质。当然,孩子们会对它们感兴趣,可以和它们一起玩耍,但是它们不能变得像真人一样亲近。(小瑞,P班)

P班小奕同学在其作业中提到,人工智能时代的教师应该理解学生。

我们需要做好心理建设。我们作为将来的老师,也要理解将来的学生,他们生在了一个刚出生就有了智能手机的年代,在与我们不同的环境下成长,面临了更大的机遇,也面临着更大的挑战,在人工智能时代,我们要理解他们,要结合时代的眼光去看待他们,结合时代的实际对他们进行教学,这样,才是适合人工智能时代的教学。(小奕,P班)

教师是人工智能移民,而2016年后出生的小孩作为人工智能土著已准备进入小学,教师与学生之间的技术鸿沟始终存在。因此,人工智能时代的教师更应该多去理解学生,站在学生的角度来考虑问题。

(二)与学生的沟通交流

人工智能时代,教师要保持与学生的沟通交流。通过教师与学生面对面

① 科尔文.不会被机器替代的人:智能时代的生存策略[M].俞婷,译.北京:中信出版集团,2017:83.

的沟通，或者线上语音沟通，或者利用VR(虚拟现实)技术进行沟通，增加教师与学生之间的情感联系。当然，传统的面对面的沟通是最有助于进行情感互动的方式。

P班小婷同学在其作业中提到，当下教师还没有被人工智能取代的可能性，主要由于教师除了教知识，还要促进学生全面发展，富含情感地与学生进行身心交流。

随着人工智能的发展，教师与人工智能的碰撞在所难免，一时间众说纷纭。但就我个人认为当下老师还没有被取代的可能性。首先，就老师这个职业来讲，要求的不仅仅是教知识，还要求让学生德智体美劳全面发展。老师被称为“人类灵魂的工程师”，这个职业之所以伟大就在于它是在和学生的身心进行交流，相对于冰冷冷的人工智能机器，人性化的老师更受当下大众的喜欢。其次，从学生的角度来说，学生学习的不仅仅是专业知识，而且要从学校、从老师那儿学来处事的正确标准、为人的真情实感。人工智能也许有很多的专业知识，但它并不会拥有情感，也无法了解人生百态。学生和老师都是有血有肉的，他们都是情感的载体，欢喜与悲伤、爱与憎……种种情感交织链接，这样才可能塑造出一个真正的人类。而人工智能只是一堆数据的结合，只能“理性”地解决事情，它们无法真正了解一个学生的心理，也无法成为一名灵魂塑造师。老师除了是一名灵魂塑造师，也是一名指导者，指导学生在漫漫信息时代前进；是一名倾听者，信息裹挟下我们常常觉得透不过气，这时候我们需要有人愿意倾听烦恼；是一名联接者，连接着社会与学生、知识与学生。(小婷，P班)

人工智能时代，教师应该多与学生沟通交流。师生之间的沟通交流，不仅有利于问题的解决，还有利于情感的传达。

(三) 对学生生命意义的关怀

人工智能时代，教师要保持对学生生命意义的关怀。人作为具有主观能动性的存在，对人的生命意义的思考，也是当今乃至未来需要关注的重要问题。教育的培养目标应该是培养学生成为身心健康的人，或者说是全面发展的人。其中，包括对学生心灵的关怀，对学生生命意义的关怀，对学生三观(世界观、人生观、价值观)的引导等。

D班小璇同学在其作业中提出，人工智能时代的教师是关怀人心的安抚者，是学生生命意义的引导者。

在如今这个快餐文化盛行的年代里，学生的心理健康也是一个极其重要的命题,很多学生缺少生命意义的价值感。而教师可以依据学生的行为去推测该学生的内心活动,对学生予以安抚与关怀,与学生探讨生命的意义,帮助学生摆脱焦虑、不安、烦躁等负面情绪。(小璇,D班)

P班小楠同学在其作业中提出,教师与学生应在良好的关系之中,彼此共同成长,了解和分析学生,并且与学生建立良好的关系。教师所传授的除了书面知识外,还有其人生经验和三观。

众所周知,教师是从事教育教学工作的专业人员。从教师职业具有的特点来看,首先,我国教育在育人为本、促进学生主动而富有个性的发展、培养学生创新精神和实践能力的目标引领下,逐步转变教育发展方式,教师作为学校教育教学有活动的设计者和实施者,是提高教育质量、促进学生发展的关键因素。而人工智能仅仅是推动教学方式转变的一个工具,他们的教学计划只能替代部分教学过程,不可能取代教师。其次,教育是成就人生命的事业,教师对学生的爱既是教育的目的也是教育的条件。教育是人影响人的过程,教师对教育的爱、对学生的爱是教育不可或缺的基础。人工智能目前为止没有萌发人的情感,不能做到真正关爱孩子,他们的一举一动只是代码的规定,我们可以使得人工智能变得比老师博学,却不能保证其有呵护孩童成长的情怀。从教育活动最终目的来看,教师起着至关重要的作用。教育活动的最终目的是促进学生主动的、有意义的发展,在师生良好的关系之中,彼此共同成长,了解和研究学生,并且与学生建立完好的关系。老师所传授的除了书面知识外,还有其人生经验和三观,这些都对学生以后的发展起着重要作用。而人工智能并不能给学生讲述亲身经历的经验。(小楠,P班)

人工智能时代,教师作为学校教育者,应该对学生关于生命意义的问题进行引导与示范。教师应该成为温暖人心的存在,应该成为学生强大内心的力量源泉。

四、审美素养

人工智能时代,审美素养是教师需要具备的重要素养。审美的原意是以感官为基础的知觉。叔本华认为,“审美是一种‘静观’,不涉及意志、欲望”[1]。李泽厚认为,“审美是人性结构中有关人性情感的某种结构”[2]。蒋冰海认为,

① 作为意志和表象的世界[M].石冲白,译.北京:商务印书馆,1983:263.
② 李泽厚.美学三书[M].合肥:安徽文艺出版社,1999:511.

“审美是通过主体感官对审美对象的体验与感受，以从中获得精神享受与启迪”①。因此，审美是审美主体凭借感官感受和理性思考获得精神愉悦的一种活动。人生美学主张将美和人生的意义等同起来。人生美学有三大特征：人生的审美化，审美的生活化，生命的诗意化。② 其中，人生的审美化表现在要审美化地处理人与自身、人与他人、人与自然的关系。审美的生活化体现在审美要符合人的兴趣，要满足人的需要，要遵循生活的规律。生命的诗意化表现在审美情感、人格修养、物我相融走向诗性生命。教师审美素养包括审美意识、审美知识和审美能力。

（一）审美意识

人工智能时代，教师应该具备审美意识，树立正确的审美观。审美观念是教师关于审美价值的自觉意识，也是审美判断与评价的最高范本和最根本的主观依据。③ 当一名教师选择教师职业的原因是“为教育事业而生”时，则教师在从教过程中更能体会心灵满足与精神愉悦，并认为从教是找到了自己的生命意义与人生价值。教师的审美观念受其价值观、道德观及人生观等方面的影响。

D班小孙同学在其作业中提出，人工智能时代的教师应有正确的审美观。

> 人工智能时代，教师应该有正确的审美观与是非观。人工智能是冰冷的，它有固定的是非框架，但人需要人情。我们在引导孩子认知世界的过程中，需要采用渐进的方式。没有绝对的对与错，我们要关注孩子个性的塑造与培养，需要提高对孩子的理解。（小孙，D班）

（二）审美知识

审美知识是教师从事审美活动的基础，主要包括美学知识和艺术知识。这些知识不仅来自理论学习，也来自实践体验。教师需要在审美体验过程中，增强审美知识的延展性。

对于人工智能而言，可以通过理论学习获取审美知识。如今，人工智能已经可以创作音乐、撰写古诗等。在公开测评中，智能写作机器人写的很多古诗几乎达到了人类诗人的水平，因此也被称为“机器诗人”。机器诗人的系统通常由自然语言模型、节奏模型和韵式模型三个部分组成。通过这三个部分的有机组合，机器诗人就可以轻松地生成具有自我风格的古诗。有专家指

---

① 蒋冰海.审美论[M].上海：上海社会科学院出版社，1992：1.
② 邓蕾蕾.幼儿园教师审美素养研究：基于人生美学的视角[D].金华：浙江师范大学，2021.
③ 杜卫.审美与人生[M].北京：中国文史出版社，2018：212.

出，在节奏和韵律方面，机器诗人更胜一筹；在可读性与引起情感共鸣方面，人类诗人更胜一筹。在通过审美体验获取审美知识的部分，相对人工智能，人类更具优势。

（三）审美能力

审美能力是教师在审美活动中感受美、欣赏美、表达美和创造美的能力。审美能力是感性与理性的统一。教师带着审美的眼光，在教育教学活动中发现美、感受美。

P班小然同学在其作业中提出，对美的鉴赏能力是人工智能与教师的重要区别。

机器人真的什么都可以做吗？当然不是，它只具备纯粹的脑力与计算能力。还有许多是只有我们人类可以做的。直到现在，我们还是会去读鲁迅先生的著作，我们会被画家画出来的作品以及歌曲家弹奏出来的乐符感动，我们会想象虚构的故事，我们会想要让世界更美好，这是机器人乃至整个世界进程中都无法被取代的。作为一名师范生，我们要充分利用自己与人工智能的差别，紧跟时代的潮流，让人工智能成为我们未来教学过程中的一大助力。（小然，P班）

五、终身学习素养

人工智能时代，教师应该具备终身学习素养。教师的责任是培养未来社会需要的人。未来是不确定的，是不断变化的。因此，教师要通过终身学习来促进个人的全面自由发展。

P班小明同学、小怡同学、小丽同学在其作业中提到，人工智能时代的教师要具备终身学习素养。

人工智能时代的教师要具备学习素养。众多研究表明，依托大数据、云计算以及深度学习的人工智能正在不断革新传统教育模式。人工智能深度学习的特性决定了其对教育模式的改变是必然的。面对人工智能对教育模式之变，教师唯有图变，不断学习，才能在大数据时代得以发展。正如汤敏先生所说，人都需要不断地充电——持续地学习新知识并掌握新技能比以往任何时候都更为重要。（小明，P班）

物竞天择，适者生存。全民教育开放时代，教育领域的竞争更加激烈，要想不被淘汰，多方面地提升自我是必经的途径，学习是终身的事情，坚持提升自我，坚持成就自我，方能迎接更好的明天。（小怡，P班）

当代社会是一个知识型社会，也是一个学习型社会。教师要不断发展，同样需要通过学习持续不断地更新和充实自己，要树立终身学习观念，完善知识结构，磨砺思想品格，提升自身的整体素质。（小丽，P班）

人工智能时代，教师要发挥人的优势，要具备终身学习素养。终身学习素养包括终身学习意识、终身学习知识、终身学习能力。

（一）终身学习意识

人工智能时代教师要具有终身学习意识。美国西北大学著名经济史学家乔尔·莫基尔(Joel Mokyr)认为，随着技术变化的速度越来越快，人类需要积极迎接挑战，学习更多技能以适应变化。从一定意义上来说，教育的主要目标也是使人学会学习。但当前的问题在于，人工智能带来了未来的不确定性，十年之后何种知识或技能一定是社会所需要的，不得而知。因此，教师需要具有终身学习意识，需要帮助学生树立终身学习理念，紧随时代发展，积极面对未来的不可测，从“人类中心主义”的思维方式走向“整个世界主义”的思维方式[①]，实现人与外部世界的共生共存，随时迎接未来的挑战。

P班小宁同学、小柔同学在其作业中提到，人工智能时代的教师要树立终身学习意识。

人工智能时代，学生可以从人工智能身上获取许多知识。那么教师更应该树立终身学习意识，去获取渊博的知识，这样才可以树立一个良好的教师形象，同时也可以为学生树立学习榜样。（小宁，P班）

教师应与时俱进地自主学习并拥有终身学习的理念。（小柔，P班）

（二）终身学习知识

终身学习知识包括对终身学习与终身教育等概念的理解。终身学习与终身教育是联系紧密的相关概念。保罗·朗格让(Paul Lengrand)提出了“终身教育”的概念，并在其著作《终身教育引论》中对这一概念进行了系统阐述。他认为，“终身教育包括教育的各个方面，不仅包括从生命开始到结束的过程，还包括教育发展过程各阶段的联系”[②]。侯怀银等认为，“终身教育指持续一生的教育，是一生中接受教育的总和，其主要目的是终身学习”[③]。因此，终身学习是人在生命历程中对各种信息进行学习的活动。终身学习可以分为

---

① 陈彩虹.在无知中迎来第四次工业革命[J].读书,2016(11):14-24.

② 朗格让.终身教育导论[M].滕兴,滕复,王箭,译.北京:华夏出版社,1988:16.

③ 侯怀银,时益之."终身教育"解析[J].现代教育论丛,2019(5):17-24.

正规学习、非正规学习以及非正式学习。学习者通过家庭、学校、社会等途径开展学习活动。

（三）终身学习能力

从一定意义上讲，人工智能已具备了强大的自学能力。2017 年 10 月 18 日，AlphaGo Zero 登上《自然》杂志。被称为阿尔法狗之父的 DeepMind 创始人戴米斯·哈萨比斯（Demis Hassabis）认为，"AlphaGo Zero 与之前版本的最大不同之处在于其拥有强大的自学能力，不再需要基于人类下棋的相关数据，直接通过自我对弈来学习"[①]。技术发展变化的速度越来越快，因此，人类需要学习更多知识和技能来积极迎接挑战，并适应不断变化的世界。随着教育层次的不断提升，人们在更为专业的领域了解到更深的知识，专业性得到了加强。但由于知识更新换代速度的加快，终身学习变得越来越重要，人们需要具备"再学习"或者说"继续学习"的能力。[②] 当下的教育更像制陶，陶土经过捏制成形，然后烧制，最后定型成为陶器。这种教育方式已不能适应未来变化的世界。面对日渐自动化的社会，对人类技能的要求也在不断发生变化。因此，人工智能时代，教师应该具备终身学习能力。

第三节　走向人机协同的教师素养：人机协同素养

人类与人工智能之间并非简单的二元对立关系，而应该是一种相互依存的关系。有学者提出了"增强智能"[③]（augmented intelligence）的概念。比如，业余棋手借助人工智能可以打败计算机或大师级棋手。增强智能可以扩展人类认知，人工智能与人类的协同可以为解决当前一些世界难题提供方案。[④]

---

① Hassabis D. Artificial Intelligence: Chess Match of the Century[J]. Nature, 2017, 544(7651): 413 - 414.

② 胡伟.人工智能时代教师的角色困境及行动策略[J].现代大学教育,2019(5):79 - 84.

③ Zheng N, Liu Z Y, Ren P J, et al. Hybrid-augmented intelligence: Collaboration and cognition[J]. Frontiers of information Technology and Electronic Engineering, 2017, 18(2): 153 - 179.

④ Mulgan G. Artificial intelligence and collective intelligence: the emergence of a new field[J]. AI and Society, 2018, 33(4): 631 - 632.

有学者指出,“人工智能对社会关系与生产的影响更突出地体现为人机协同将成为未来人类社会结构的新常态”①。

P班小阳同学在其作业中分别讨论了人工智能时代的大学、高中、学前阶段教师与人工智能的协作情况。

大学老师有可能只保留管理人员,如辅导员、助教等,学生学习以智能学习和自主学习为主,辅导员进行辅助作用,大部分学科类老师转行成为科研人员。在高中教育阶段,学科类教师有可能会被逐一淘汰,班主任、体育老师、艺术老师、心理老师等管理人员和有助于学生身心发展的老师留下。比如上课时,由班主任监督,学生戴上VR眼镜,自定义学习进度,人工智能则负责自动评估学生的学习情况。在学前教育阶段,老师被人工智能替代的概率很低。学前教育的老师主要不是传授知识,而是与儿童进行更多的情感交流,帮助儿童养成学习生活习惯,保护儿童天性和心理健康发展等。(小阳,P班)

D班小君同学在其作业中提出,人工智能不会替代学前教师。

对于学前教育来说,人工智能时代,教师的作用只增不减,因为他们不是传递知识,而是交流情感。总之,把知识交给人工智能来传递,文化课教学人员大部分会被替代。(小君,D班)

人工智能时代,教师需要具备人机协同素养。人机协同素养是指教师应对人机协同挑战而需要具备的重要素养。基于智能融合的观点,人工智能时代的教师素养不仅要关注走向人工智能和走向人的教师素养,还要关注走向人机协同的教师素养。在人机协同的模式下,人类智能和人工智能互相配合,人类智能处于主体地位。教师与人工智能并非处于平等地位,教师作为具有主动性的个体,要知道如何借助人工智能来提升个人的决策能力,要了解人工智能的作用机理,才能够更好地发挥人工智能的作用,通过人机结合提升教育教学效率,实现教育公平。基于学习结果分类理论,本研究提出的人机协同素养主要包括:人机协同意识、人机协同能力、人机协同思维、人机协同态度四方面。

一、人机协同意识

(一)教师应该意识到人类的优势

人工智能时代,教师的工作重点在于帮助学生发现自我、发挥潜质。美

---

① 蔡自兴.中国人工智能40年[J].科技导报,2016,34(15):12-32.

国密歇根州立大学赵勇教授认为，“教师更应看重人自身的独特价值，提高学生的社会价值、心理价值和利用全球化资源的能力，承担起培养学生创造未来，而不是进入未来的社会责任”[①]。教师应该努力发现学生拥有的特性，帮助学生发掘出个人的天赋所在，解放学生的个性，让每个学生都能够发挥自身的潜力。

人工智能时代，教师的工作重点在于帮助学生成长成才，教师应该成为学生成长路上的人生导师，帮助学生实现人生价值。与“教书”相比，教师的工作应该更重视“育人”。因此，教师需要发挥作为人的优势，教师自身需要具备创新素养、情感素养、审美素养、终身学习素养等。

P班小洋同学、D班小珏同学在其作业中提到，教师在情感方面要优于人工智能，另外D班小珏同学还提出教师的优势还在于具备审美素养。

老师的感情比机器要丰富，学生在生活中的问题，生病之类的，也只有教师能够及时发现，教师拥有感情，能增强学生的共情能力、处理事情的能力，而人工智能不可以。老师应该担任引导者的角色，教会孩子们学习的方法等内容，引领孩子与人工智能更好地配合，找到适合自己的方法进行更好的教学。（小洋，P班）

教育是一项漫长而复杂的过程，在教育的过程中，总会有一些感性而非理性的问题需要人类去解释、去解决。而人工智能只是机械地分析问题，却不能真正理解问题背后的含义。例如，一篇优美的散文，人工智能和教师都可以分析其中的段落划分、作品背景、字词含义等等。有时在分析的全面性上，教师甚至比不上人工智能，但是散文背后的含义，那些需要用心品读才能感受到的心灵启发与人生意义，是人工智能所不具有的。而且，教师在高层次认知、师生互动、应变反应、情感表达等方面也更具优势。人工智能需要人类引导，教师将在人工智能的协助下，进一步更新教学手段。（小珏，D班）

P班小游同学在其作业中从教师工作特点的角度出发，提出了教师相对人工智能的优势和不可替代性，并进一步提出了人工智能时代教师应该担当的角色。

教师工作的特点则是伦理性、教育性和创造性等。从伦理性角度来说，教师需要以育人为本，促进学生个性化发展，显然，目前的技术水平还不足以制造出具有独立思考能力，能热爱教育事业，秉持正确价值观，引导学生养成

① 赵勇．未来，我们如何做教师？[J]．中国德育，2017(11)：48－51.

正确观念的人工智能。从教育性角度来说，教师对学生的教育远不止知识的灌输，更重要的是言传身教的春风化雨。人工智能很难做到在举手投足间产生情感的交流，更难由此使学生在意志品德方面获得发展。从创造性角度来说，人工智能往往只能根据制造者的现有经验，解决直截了当的问题，一旦遇到学生基于新情景产生的新问题，人工智能掌握的理论就会失去普适性，只有教师能应对这类不确定性。总结来说，即使人工智能的智库发展得再完善，制造者本身的局限性和情感上的复杂性也注定了教师无法被人工智能取代。不被人工智能取代的教师应当兼具引导者、组织者、对话者、研究者和学习者的角色。引导者，即要培养学生构建正确的世界观、价值观和人生观，在尊重学生个体差异的情况下，锻炼学生的品格，做他们思想上的引路人。组织者，即要帮助学生构建属于自己的知识体系，在查漏补缺中完善自我的知识结构，得到发展进步。对话者，即要与学生进行交互，在彼此理解中携手进步，这恰恰是人工智能最难做到的部分。研究者，即根据教学具体实际情况调整教学方案，反思教学结果，提高教学活动专业化程度。学习者，即不断更新和充实自己，用更专业的知识提高教学水平。在现实中，这方面人工智能比任何一位人类教师都更有竞争力，但只有教师将这些知识能动地填补进教学方案的空白，这就决定了教师优于人工智能的结果。（小游，P班）

P班小芮同学在其作业中提出，人工智能是赋能教师的，而非取代教师。

我认为教师被人工智能取代的可能性较小。用科大讯飞董事长刘庆峰的话来说就是“人工智能是赋能人的，而不是替代人。虽然在未来人工智能一定会拥有全世界的知识，但是它没法替代老师，老师是人类灵魂的工程师”。诚然，人工智能作为机器不会疲惫、不会生气，能够提高工作效率，但同样的它也不具备人的情感，难以表达出高兴、赞同等情感，在教学生活中，孩子们，尤其是年龄较小的儿童，需要通过老师们丰富的表情来获得认同或是来认知自己行为是否正确，这是人工智能远远不能及的。而且，人工智能缺乏想象力、创造力，死板是其最大的特点，它只会根据设定好的程序进行工作，缺乏灵活性。人工智能本质上还是一种模仿行为。（小芮，P班）

P班小淼同学在其作业中提出，相对人工智能，教师具有共情能力，应用人工智能进行教学会使屏幕教学更为普遍，而面对面的教学更有学习与交流的氛围。

首先，不管人工智能如何发展，它都不可能真正拥有人的情感。人是社会动物，学生的社交技能无法离开老师的培养。身为教师，我们不仅要教授学生以学识，更要教会他们做人的道理，塑造他们崇高的品格。倘若用人工智能代替教师，教师便失去了共情能力，无法捕获学生的情感，无法了解学生的真实想法，无法和学生进行深层的精神交流。这对于孩子的成长，是非常不利的。其次，如果采用人工智能进行教学，那线上教学时间必然会多于线下。每个学生的理解能力不同，隔着屏幕的教学势必会给理解能力稍低的学生带来影响。当学生无法获得直观的学习感受，无法处于特定的学习氛围，无法接受个性的教学指导，那么教学效果也会难以保证。（小森，P 班）

P 班小瑞同学在其作业中提出，相对人工智能，教师能够进行经验性教学。

教师与人工智能不同，教师在成长的过程中也经历过学生阶段，相对于人工智能来说，能更好地把握住学生的心理，在处理与其学生时代相似的事情时也更容易，并且这种经验随着教学经历的增加，经验也会积累，人脑有着处理问题很完备的系统。相对于人工智能需要不断输入应对新情况的程序来说，教师教学很有存在的意义，更具灵活性。（小瑞，P 班）

P 班小然同学在其作业中提出，人类教师更能适应复杂性的环境，并能随机应变。

教育教学具有复杂性的特征。学生是一个个鲜活的生命，他们有其自身的特点，教育环境复杂多样，需“对症下药”因材施教，而人工智能并不能在复杂的环境中如人类教师一样随机应变，无法针对学生的状况进行人性化处理。（小然，P 班）

目前来看，部分学者及师范生认为，教师在情感方面以及伦理性、教育性、创造性、经验性教学、应对复杂性教育环境等方面是人工智能不可替代的，也是无法替代的。

（二）教师应该意识到人工智能的优势

人工智能时代，人工智能的工作重点在于辅助教师“教书”。教师作为具有主动性的个体，善于发现问题，人工智能可以协助教师解决问题。教师应该意识到将人工智能应用于教育，可以将教育、心理和社会知识等以精确的方式呈现，人工智能可以使那些看不见的隐性学习过程显现出来。教师和人工智能的定位都是学生学习和发展的促进者，从这个意义上来说，教师和人工智能的关系是协同关系。人工智能可以帮助教师开展个性化教学，对学生进行过程性评价，为教学决策提供支撑。

北京师范大学未来教育高精尖创新中心启动了“人工智能教师（AI

Teacher)"的国际合作研究项目。该项目建立了教育大数据平台,采集学生全学习过程数据,对学生的知识、情感、认知、社会网络等进行全面仿真,并通过数据精确了解学生发展的一般规律及个体特征,以实现"人工智能教师"服务。通过研究分析,未来的教育中人工智能可承担12种角色。[①] 角色一:成为可自动命题和自动批阅作业的助教。角色二:成为学习障碍自动诊断与及时反馈分析师。角色三:成为问题解决能力测评的素质提升教练。角色四:成为学生心理素质测评与改进的辅导员。角色五:成为体质健康监测与提升的保健医生。角色六:成为反馈综合素质评价报告的班主任。角色七:成为个性化智能教学的指导顾问。角色八:成为学生个性化问题解决的智能导师。角色九:担当学生生涯发展顾问或规划师。角色十:作为精准教研中的互动同伴。角色十一:成为个性化学习内容的自动生成与汇聚代理。角色十二:扮演数据驱动的教育决策助手。

P班小华同学在其作业中提出,人工智能的优势在于可以利用增强现实等技术进行沉浸式教学。

在未来,或许随着人工智能的逐渐发展,简单重复的教学工作、作业考试设置以及批改等重复性工作都会由人工智能取代。这样对老师的要求也开始提高,教师需要不断创新教学理念,充分理解人工智能的运行方式,通过人机协作来辅助课堂组织,实现更高效的教学。教师还可以应用体感交互、3D、增强现实的技术进行沉浸式教学,将传统教育方式无法直接感知体验的课程知识通过接近真实的三维场景呈现出来,真正实现在玩中学、学中玩。(小华,P班)

P班小然同学在其作业中提出,人工智能的优势在于可以实时捕捉学生的听课状态,合理分配教学内容。

人工智能教学系统可以通过摄像头实时对学生进行"扫描",识别学生积极情绪如"高兴、认真",消极情绪如"厌恶、悲伤、疑惑、迷茫"等,分析学生听课状态,随时调整教学难易程度,科学合理地分配教学内容,最后通过推送习题模式巩固学习知识。(小然,P班)

大部分师范生在其作业中对于人工智能的优势是普遍认同的,也提出要主动适应人工智能的发展,为未来从教做准备。

---

① 余胜泉.人机协作:人工智能时代教师角色与思维的转变[J].中小学数字化教学,2018(3):24-26.

（三）教师应该意识到人机协同的优势

未来学习形态可能是学生先在线上学习基础知识，然后在实践过程中开展问题解决导向的项目式学习，而教师的作用在于在线下督促、组织、检查和陪伴学生，更侧重于对学生高阶能力的培养，比如自主学习、独立思考、批判性思维、合作能力等。

在未来学习形态中，人机协同的作用在于：首先，人工智能可以精确地为教师提供学生的各类学习数据，基于此，教师和人工智能可以为学生提供适合于学生个体差异性的学习支撑、为学生推送适合学生阶段性学习能力的学习内容，从而实现因材施教，为学生提供针对个体的教育服务，教学不再只针对中等学生进行安排，优等生或后进生可以获取适合自己难度的学习资源。其次，人工智能可以为学生提供实时学习资源，学生可以根据个人学习进度和学习能力，反复学习基础知识。学习不再是固定的课堂授课，而是根据个人情况随时、随处、反复可学。

在未来的教育过程中，人机协同的意义还在于：首先，教师知识性的教学角色将会被人工智能所取代，而教师的育人角色将越来越重要。人工智能代替教师从事机械、重复的工作，而教师则侧重于成为学生的伙伴、导师。另一方面，人工智能可以为教师赋能，为教师提供工具，通过人机协作完成教师以前无法完成的工作。因此，教师应充分认识人机协同的优势，与人工智能分工合作、各司其职，从而实现优势互补，共同促进学生的成长。P 班小敏同学、小瑾同学、小硬同学在其作业中强调，要适应人工智能，将人工智能作为辅助手段，教师和人工智能应该是协同关系，共同为学生提供个性化教学。

我们应主动适应信息化、人工智能等技术革新，积极开展新型教学方式，积极转变思想观念，将人工智能变成一种辅助手段，将自己的身份定位成组织者、引导者。在教学时，我们将着重利用人工智能教育应用，在作业批改、可视化传递知识、促进师生交互、建立成长档案、课外一对一辅导、大数据分析等方面减轻自己的工作负担，着重加强对于学生的个性化培养。对于人工智能时代的到来我们应持批判性的态度，虽然人工智能将会减轻教师的工作负担，但同样，教师需要谨慎利用人工智能，需要更加细化教学，提供给学生更加全面、细致、个性化的学习方案，对于人工智能所不能做到的事情，教师要提供补充。（小敏，P 班）

人工智能只是教师使用的一种工具，能够带来发展动力但不能取代教师，教师在教学方法上应该有选择的自由度，而不能被人工智能牵着鼻子走。

智能化教学情境下，教师将面临一个全新的工作环境，要实现人机协同，提供个性化、多样化和适应性的教学。人工智能时代，教师应极大地发挥创造性智能，使“教育作为一门艺术性工作”成为可能，做到差异化和个别化，这样能够有效地改善师生关系，能够使学生的教育生活更人性更幸福。（小瑾，P 班）

随着人工智能在教育领域的应用，我认为，未来的教育可能会实现“人机共教”。由于在教学方面，人工智能的作用会比较明显，因此在教学方面老师可以配合人工智能辅助学生们更好地汲取知识、消化知识。在育人方面，老师起到了关键的作用，老师采取相关的教学手段去鼓励学生们学习，培养学生们树立起良好的品德、品质，实现学生的全面发展。因此，未来的教师不仅是一名主导者，也是一名辅助者。（小硬，P 班）

P 班小霞同学在其作业中提到，师范生应该主动适应人工智能时代，结合人工智能开展教学活动。

作为师范生，我们应该主动适应人工智能与高科技的改革，积极有效地开展符合时代背景的教育课程，将传统道德教育与现当代科学教育结合起来，做一名合格的、思想先进的好教师，让人工智能教学与线下教学相结合，做到 1＋1＞2 的教学效果。（小霞，P 班）

人机协同下，教师与人工智能的分工，需要依据人工智能的发展水平。余胜泉、王琦提出“AI＋教师”协同教学的形态包括 AI 代理、AI 助手、AI 教师和 AI 伙伴四种形态，教师在其中扮演的角色有学习服务设计与开发者、个性化学习指导者、综合学习活动组织者、社会网络连接指导者、心理健康引导者、人机教育决策者等。[①]在人工智能的协同作用下，教师可以减少重复性的知识传授工作，而关注学生的个性化需求，培养学生高阶思维，加强与学生情感互动等。在教师与人工智能的关系上，教师还需要承担监管者的角色，以保障伦理、安全等问题。

P 班小瑾同学在其作业中提出，人工智能可以在一定程度上让教师的工作变得轻松一些，更关注对学生创新思维引导等方面。

人工智能可以从一定程度上改变教育方式。等到人工智能技术真正成熟的时候，教师的工作可能会变得轻松，角色上会发生一些变化，像是知识的传递和技能的训练完全可以交给人工智能来做。而在对学生的创新思维引导上，对学生疑难困惑的解决上，教师可以投入大量的精力。相信在未来，有

① 余胜泉，王琦．“AI＋教师”的协作路径发展分析[J]．电化教育研究，2019(4)：14－22，29．

了人工智能的帮助,教师可以花更多的时间去研究怎么培养一个优秀的学生,优秀的人才才会变得越来越多。(小瑾,P班)

二、人机协同能力

人机协同能力是个体适应人工智能时代人机协作的重要能力,是人机协同素养的组成部分。教师人机协同能力一方面具体表现在教师能应用人工智能产品,另一方面表现在教师能制造人工智能产品。

(一)教师能应用人工智能产品

人机协同能力一方面表现在个体能应用人工智能产品,即能甄别智能工具的有用性和易用性①,并能正确运用智能工具改善学习和生活的方式。② 基于此,教师人机协同能力一方面表现在教师能甄别用于教育教学的智能工具的有用性和易用性,以及教师能正确运用智能工具改善教育教学活动。

P班小芸同学在其作业中提出,未来是"人机共教"时代,不会使用人工智能的教师将会被替代。

一方面,对于教师来说,或许人工智能是"解放",而非"替代"。另一方面,未来一定是"人机共教"的时代。人工智能取代不了教师,但不会使用科技的教师必将被取代。人工智能只是替代教师的部分劳动,并不能取代教师的角色。这是因为虽然机器人也有对话、动作等交流功能,但和人类丰富细腻的感情相比差距甚远,更不用说达到教师以情育人的大爱境界了。人工智能毕竟没有感情,影响不了人,但是教师可以。教师是带着感情来教育影响学生的,人只能通过人来培养。(小芸,P班)

D班小瑶同学在其作业中提出,教师应该具备与人工智能合作的能力。

教师应该具备与人工智能一起共事的能力,学习利用人工智能帮助自己完成教学任务以提高工作效率,例如借助人工智能分析各位学生的学习情况,为各位学生制定切合自身能力情况的学习任务,有助于学生更加有效地深入学习。(小瑶,D班)

面对各式各样的智能工具,个体在选择使用何种智能产品的过程中可能会遇到选择困难。人机协同能力除了包括个体与机器的协作能力,还应包括

---

① 周邵锦,王帆.K-12人工智能教育的逻辑思考:学生智慧生成之路:兼论K-12人工智能教材[J].现代教育技术,2019,29(4):12-18.

② 谢忠新,曹杨璐,李盈.中小学人工智能课程内容设计探究[J].中国电化教育,2019(4):17-22.

选择合适的人工智能产品的能力，这类产品无论在功能、价格上，还是在使用的便捷性上，都要与个体的能力相匹配。当前，应用于教育的人工智能产品也品类繁多，这给教师的选择也增加了难度。因此，教师需要增强这方面的能力，对各类人工智能教育应用产品进行了解，以选择适合个人开展教育教学活动的产品。

（二）教师能制造人工智能产品

人机协同能力另一方面表现在教师能制造人工智能产品，即教师的人工智能动手能力。提升学生的人工智能动手能力主要通过以人工智能为主题的创客教育、STEAM 教育、机器人教育等课程。提升教师的人工智能动手能力可以通过以人工智能为主题的创客教育教师培训、STEAM 教育教师培训、机器人教育教师培训等教师培训项目。

教师可以在制作人工智能产品的过程中，亲身感受动手制作人工智能的体验，从结构上对人工智能产品有更深的认识和感受。"人工智能动手能力要求个体能够结合实际问题，设计利用机器人或其他智能硬件完成问题的解决方案，掌握各种构件的连接方式，熟练组装机器人的各种功能模块。"①教师人工智能动手能力需要教师结合教育教学实际问题，设计可以解决问题的机器人或其他智能产品硬件，并在此过程中掌握各种构件的连接方式，了解各种功能模块，熟练组装好人工智能产品。

在当前的中小学人工智能教育中，机器人教育是主要开展形式之一。学生在对智能机器人进行设计、组装和搭建、编程实现的过程中可以获得较强的成就感，进而增强对人工智能学习的兴趣。② P 班小钒同学在其作业中提到教育机器人的作用。

教育机器人一方面可以培养和发展学生的计算思维能力。越来越多的学校正在引进教育机器人作为创新的学习环境，用于提高学生的高阶思维能力，帮助学生解决复杂的问题。另一方面，教育机器人具有多学科性质，可以提供建设性的学习环境，有助于学生更好地了解科学知识，在科学、技术、工程和数学教育方面发挥着重要作用。（小钒，P 班）

对教师的人工智能教育教学培训也可以通过机器人教育的形式，在教师

---

① 郑立新，王振强．义务教育阶段机器人模块内容标准解读[J]．中国电化教育，2012(11)：28－30．
② 余胜泉．人机协作：人工智能时代教师角色与思维的转变[J]．中小学数字化教学，2018(3)：24－26．

设计、组装、搭建机器人并为机器人进行编码设计的过程中，教师可以获得较强的成就感，提升其在教育教学活动中应用人工智能的兴趣。另外，在利用机器人进行实践的过程中，可以促进学习者对已学习的基本概念有更深刻的了解，同时促进学习者对机器的特征、运行原理等信息的了解，这可以使得个体在人机协作中不是被动的一方，而是掌握主动权的一方。[①] 因此，教师动手制作人工智能产品是教师人机协同能力的重要组成部分。

三、人机协同思维

人机协同思维是教师适应人工智能时代的重要思维。教师可以借助人工智能设备实现自身智能的延伸和拓展，从而更有效地解决复杂问题。

（一）教师与人工智能优势互补

人机协同思维强调个体充分认识自身和人工智能的长处与不足，做好人机之间的任务分工，从而实现优势互补。在人工智能执行各种任务的过程中，需要发挥人的作用。比如，需要人来建构问题，阐述问题，选取、清理和标记数据，设计或选择算法，决定组合方案，根据数值得出结论或做出判断，等等。人工智能时代的教师应该能够有效评估个人能力，将自己不擅长而人工智能擅长的部分交给机器去完成。对于具体的任务分工，凯文·凯利[②]把未来的人机工作分为四类，余胜泉等[③]按照人机协同的不同程度划分了“认知外包”的四种类型。

虽然人工智能擅长于一些对人类来说很有挑战性的工作流程，比如规律识别和统计推理，但在一些对人类来说相对容易的流程上，比如自主学习、常识和价值判断，人工智能却相对很弱。“要让计算机在智力测验或下棋方面表现出成人水平，是相对容易的事情，但要赋予它们一岁幼儿的感知能力和运动能力，却是不易或不可能的事。”[④]这就是莫拉维克悖论（Moravec's paradox）。

许艳丽等[⑤]认为，重复、危险的工作可以让智能机器做，而社交性、复杂性

---

① 宋灵青，许林．“AI”时代未来教师专业发展途径探究[J]．中国电化教育，2018(7)：79－86．

② Kelly K. Better than human：Why robots will—and must—take our jobs[EB/OL]．(2012－12－24)[2020－11－16]．https://www.wired.com/2012/12/ff-robots-will-take-our-jobs/．

③ 余胜泉，王琦．“AI＋教师”的协作路径发展分析[J]．电化教育研究，2019(4)：14－22，29．

④ Moravec H P. Mind Children：The future of robot and human intelligence[M]．Cambridge：Harvard University Press，1988：15．

⑤ 许艳丽，李文．AI重塑工作世界与职业教育信息化的适应[J]．中国电化教育，2020(1)：93－98．

和创造性的智慧型工作应该由人来做。斯坦福大学于2016年发布了《2030年的人工智能与生活》(*Artificial Intelligence and Life in 2030*)报告,其中指出,"人工智能会逐渐进入所有就业领域,劳动力需求将会产生重大变化,简单、重复、危险的工作会被智能机器所取代,而综合、复杂的工作则需要专业人士和智能机器共同开展"①。

P班小敏同学、小钰同学在其作业中指出,未来会是人机协同教学,人工智能与教师各自发挥所长,实现优势互补。

人工智能是赋能于人的。乔布斯也曾提出疑问:"为什么计算机改变了几乎所有领域,却唯独对学校教育的影响小得令人吃惊?"因为教育不是流水线上的产品,无论技术如何发展,教师的言传身教、面对面的沟通交流都是育人的必不可少的环节。未来一定是人机教学,借力科技进步,教师会在技术与数据的支持下,更为直观地获取学生的学习数据与学习能力分析报告,解放大量精力,不再把时间用于完成基本教学任务的大锅饭式教学,而是有针对性地因材施教,从教育的"初级阶段"更快过渡到"高级阶段"。人工智能、大数据将会成为教师的有力助手,提高教师的工作效率。(小敏,P班)

师范生作为准教师,更应注重提升个人的核心素养,智能化教学情境下,教师将面临一个全新的工作环境,既要人机协同,提供个性化、多样性和适应性的教学,又要关注学生思维方式和核心素养的培养。另一方面,师范生相较于教师具有年龄优势,师范生是老师与学生的过渡,既理解老师又拥有学生心态,也具有更强的学习能力和新兴技术接受能力。师范生应利用好这一优势,提升自身能力,使人工智能为自己所用,提高自己的教学综合素质与能力。同时,师范生更具可塑造性,应适应人工智能时代的需要,使个人与人工智能优势互补。(小钰,P班)

P班小阳同学、D班小欣同学、D班小佳同学在其作业中提到,人工智能时代的教师应该与人工智能共存,学会与人工智能合作,以人工智能为辅助。

教师应该具备能够与机器人对话的能力,善于利用人工智能,以人工智能为辅助,进行高效和趣味的教学,未来我们需要和人工智能共存,在基础的智能运用、逻辑思维等方面有基本的认识。(小阳,P班)

人工智能作为一个先进的技术,它可以做到许多人无法做到的事情,教

① 汪时冲,方海光,张鸽,等.人工智能教育机器人支持下的新型"双师课堂"研究:兼论"人机协同"教学设计与未来展望[J].远程教育杂志,2019(2):25-32.

师通过与人工智能的合作，可以更好地观察学生的状态，实时调整教学。（小欣，D班）

有了人工智能的加入，教师将会变成一个合作者。有了人工智能的帮助，接下来教师的工作量是会相对减轻的，教学中的一些课件、教案准备等等都可以由人工智能来代劳。那么老师会省下大段时间，就能更好地钻研教学方法，处理其他的教学事物，提高教学质量。教师的身份就会回到更加纯粹的"教育"层面。人工智能运用于教育，能够填补学习和教育中的缺口，让教师能够完成更多的任务。人工智能还能帮助简化管理任务，为学生定制个性化的教学，而老师可以自由地为学生提供问题解答。将二者进行融合，可以更好地为学生提供教学。（小佳，D班）

从作业中可以看出，很多师范生具有人机协同思维，认为教师应该做教师所擅长的，而人工智能应该做人工智能所擅长的，以实现优势互补。

（二）教师发挥主导作用

在人机协同过程中，教师应在任务分配、人机协作过程中发挥主导作用。教师应该考察人工智能是否可以带来预期的应用效果，根据具体情况进行调节。陈凯泉等[①]认为，人机协同的核心是介入问题。人机协同的效果如何，首先取决于智能机器为人类提供的决策依据是否可靠，其次取决于人类介入的时机和介入方式是否得当。总之，教师是人工智能的指挥官，教师与人工智能是互相协调、互相促进的关系。以教师为主导的人机协同教学过程中，一方面，教师需要掌握人工智能参与教学的运作方式，掌握人工智能知识与技能，注意人工智能伦理安全，能够在与人工智能交互过程中做出正确决策。另一方面，教师需要具备创新素养、研究素养、情感素养、审美素养、终身学习素养等。

P班小涵同学在其作业中指出，在与人工智能协作的过程中，教师应该发挥主导作用。

人工智能是由人研发而成，一顿数据导入，它或许比任何一个教师都要博学，也不会出错，讲课、批作业也不会累，就知识教学这一方面确实一定程度上远远胜过人类教师。但教师还有一个功能便是情感上的交流，学生在学校这个环境中会遇到各种突发状况，每一个孩子都有其不同的想法，而机器

---

① 陈凯泉，张春雪，吴玥玥，等.教育人工智能（EAI）中的多模态学习分析、适应性反馈及人机协同[J].远程教育杂志，2019，37(5)：24－34.

它没有能力应对各种各样的想法，而人是具有变通能力的，而且教师也具有较完备的生活经验，所以在处理一些情感问题时，情绪上更好。此外，人类教师也具备更好的共情能力，能发现体察到学生的情绪，从而较快分析出学生可能存在的问题及其原因。另一方面，人工智能再怎么"智能"，它也还是一个机器人，在工作中缺乏灵活性和主观性，不具备人的想象力和创造力。再者，教育需要"个性化思维"，就以批改作业为例，学生会给出个性化的答案，这些答案永远无法被数据所解决。德国哲学家雅斯贝尔斯曾描绘过"用一棵树撼动另一棵树，一朵云推动另一朵云，一颗心灵唤醒另一颗心灵"。教育是一项心灵工程，它的实施者应当是富有情感、智慧、想象力与创造力的。教育二字除了"教"还有"育"，道德品格的培养需要老师的引导。（小涵，P 班）

P 班小滢同学在其作业中提出，在人机协作过程中，教师应当发挥主导作用，因为人工智能依据数据进行判断，而教师会综合多种因素，更有人情味。

老师担当着传授道德的角色。人工智能的智慧或许会远远超出人类，也拥有人类难以企及的数据检索分析能力，能帮助同学进行全面的分析。但是这仅仅局限于理性层面，而人类其实是复杂的生物，情感、私欲、难言之隐等等很多因素会影响一个人的决策与行为。而老师会去询问与感性地分析，最后的决定会综合多种因素。但是人工智能却只会依据单一因素判断，缺乏人情味，可能会对孩子的成长造成不利影响。因此，老师在其中就担当着情感与感性输出的重任。（小滢，P 班）

D 班小欣同学、小浩同学在其作业中提出，教师在教学中起到主导作用，担任引导者、组织者，人工智能担任辅助者。

教师在课堂的教学中依然起着主导作用，而人工智能只能作为辅助者介入课堂，帮助老师监管课堂，实时地收集数据向老师反映学生的听课状态和投入的时间，方便老师及时调整自己的教学方式、教学进度，更有效地作用于学生，帮助学生更好地融入课堂，更好地学习新的知识，保证课堂效率。所以老师在教学中依然应该是主导者。（小欣，D 班）

在新时代人工智能担任辅助角色，承担记忆性、规范性的知识传授，可以帮助学生检查问题，帮助学生创造出实验空间，让学生了解实验背景，以及知道能做的事。而教师从过去的处于中心地位，变成组织者、引导者、服务者。（小浩，D 班）

P 班小瑞同学在其作业中提出，人工智能时代的教师不应完全依赖于人工智能，而应有自主性，在人机协同过程中，以教师为主，为教师所用。

人工智能方便了教师的教学，但这不能作为教师过于依赖人工智能的一个理由。教师有其存在的意义，那就必然有不能完全依赖于人工智能的理由，教师应有自主性，要以我为主，为我所用。要善于利用人工智能，我们既不能做过于依赖人工智能的巨婴，也不能做不知变通无脑抵制人工智能的“清朝人”。要使人工智能成为教师更加优秀的一个利器，一个优秀的辅助。人工智能可以很好地辅助教师教学，使教师发挥其主动性，方便日常教学，比如说查询一些网上的资料、归纳一些知识等。另外，要坚持教师的主体地位，在大前提下，不断完善自我的教学，而不是完全依赖于人工智能。（小瑞，P班）

人工智能已经应用于一些学校的教育教学过程中，其中教师发挥了主导作用。以杭州市第十一中试行的“智慧课堂行为管理系统”为例[①]，2018年5月，杭州第十一中学将“智慧课堂行为管理系统”应用于课堂教学。通过教室内安装组合摄像头，捕捉学生在课堂上的表情和动作，经大数据分析计算出课堂上学生的专注度，从而促进教学改进。使用该系统，后台会预先录入课堂应到学生名单，现场摄像头通过对教室内学生“刷脸”匹配，从而完成考勤。此外，该系统会对学生阅读、书写、听讲、起立、举手和趴桌子6种行为，以及高兴、反感、难过、害怕、惊讶、愤怒和中性7种表情，以30秒一次的频率进行扫描，从而实现实时统计。系统会对学生的6种行为赋予不同的分值，通过这个系统，教师可以看到哪些同学在专注听课，哪些同学在开小差，再结合他们高兴、难过、愤怒、反感等面部表情，分析出学生在课堂上的学习状态。通过这一案例，可以发现人工智能在教师课堂教学的过程中起到了辅助作用。依据人工智能提供的数据，教师可以了解学生的课堂学习状态，从而提升课堂教学效果和效率。但在这一过程中，也存在数据的准确性和伦理性问题，因此，教师需要发挥主导作用，不能仅仅依赖数据，而需要跟学生及时沟通，了解学生表情背后的具体情况。

四、人机协同态度

人机协同态度主要涉及如何看待人工智能、个体、社会，主要包括人机协同价值观、人机协同伦理和人机协同志趣三个方面。基于此，教师人机协同

---

① 新京报.杭州一中学引入“黑科技”刷脸考勤 分析学生课堂行为[EB/OL].(2018-05-18)[2022-05-20]. https://baijiahao.baidu.com/s?id=1600788049889451786&wfr=spider&for=pc.

态度主要涉及如何看待人工智能、教师，主要包括教师人机协同价值观、教师人机协同伦理和教师人机协同志趣三个方面。

（一）教师人机协同价值观

教师人机协同价值观涉及在人机协同过程中，教师的存在意义和存在价值。教师是否作为主导者？人工智能是不是为教师服务的？教师和人工智能之间是不是主导与辅助的关系？随着人工智能的不断进步，教师是否一直处于主导地位？教师的角色定位是否会发生变化？教师是否需要进行调整来适应人工智能的发展？面对这些问题，教师应该保持技术理性，批判地看待人工智能及其发展，正确看待人机关系，找到自身角色定位，避免陷入人工智能威胁论，而是将人工智能作为工具为己所用。

P班小洁同学、P班小游同学、P班小钒同学、D班小霞同学在其作业中强调，作为师范生，不应对人工智能持有排斥或畏惧心理，而应对人工智能持乐观态度，积极面对，学习如何与人工智能配合，为实现人机协作做准备。

作为师范生，对于人工智能时代的到来，我们应该学会运用人工智能，不能对人工智能产生排斥以及畏惧心理。人工智能在知识储备方面无疑更加出色，我们要提高自己的专业技能，也需要学会如何与人工智能相配合，力求在教育领域实现“人机合作”。人工智能在对学生的情感分析上仍有短板，而这恰恰是我们的长处，我们要提高对与学生交流情感的重视。人工智能时代教学的个性化会更加突出，我们应以学习者为中心，在人工智能的协助下，注重学生的个性化，制定专属于学生的教学方案。（小洁，P班）

人工智能时代的到来将是不可避免更是不可逆转的，我们既不必感到畏惧也不必急于否定人工智能，在机会面前，对人工智能敞开怀抱，加以合理利用才是智慧的做法。尽管目前多项问卷调查报告显示，大学生对人工智能等计算机技术的了解还不够深，但随着时代的发展，主动学习人工智能才是明智之举，必将逐渐成为主流。主动学习新兴技术及使用方法，结合自身专业特点，将更有利于大学生在人机之战中获胜。（小游，P班）

作为师范生，不能因为人工智能的快速发展而胆怯，害怕将来无法就业，而要努力学习、大胆创新，知悉教师这一职业的独特性。更要明白，人工智能是给我们应用的，是为了帮助我们而存在，不是为了取代我们。对教师而言，人工智能可以很好地辅助我们教学，但绝对无法代替我们。所以，我们要积极向上，在学校里学好知识和技能，培养好应有的教师素养，在未来，利用好人工智能进行优质的教育教学工作，不能过于依赖人工智能，也不能完全抵制人工智能。我们要顺应时代的发展，将教学与人工智能相结合，使教育教学更加高效，能更好地培养下一代。（小钒，P 班）

在这个人工智能高速发展的时代，很多师范生担心失业，害怕被取代，而我觉得面对人工智能我们不应恐惧担忧，而是应该积极地面对，掌握新的教学方式和技术。“让人工智能去教书，让老师来育人”这样的观点得到了很多教育业内专家学者的认同。（小霞，D 班）

D 班小翔同学在其作业中提出，教师应辩证地看待人工智能，要合理利用人工智能。

首先，不能对人工智能的出现以及推广应用充满恐惧或慌乱，应该以辩证的角度去看待人工智能给自己带来的影响。学习人工智能的相关知识，不要把它当敌人，而是当合作的伙伴，去了解它、适应它、拥抱它。其次，要能够合理地利用人工智能。一些重复、无聊、固定的工作可以直接交给人工智能去做，减少自己时间上的消耗与精神力的损失。再次，坚信教师的不可替代性。教师有人工智能无法比拟的优势，例如多样性与适应性，教师可以根据每个孩子不同的基础，来制定适合每一个人的不一样的教学方案，而人工智能却是统一的模板，不适应于每个孩子的个性发展。最后，有方法地勇敢迎接人工智能的挑战。在工作中，多积累经验，切身的经验是人工智能无法拥有的，加强自己的专业知识，在自己的领域里，精而专地研究某个方向，加强学术武装。（小翔，D 班）

（二）教师人机协同伦理

教师人机协同伦理涉及在人机协同过程中，人工智能在开发、使用中所带来的黑箱问题、算法偏见、隐私侵犯、数据保护、网络安全等隐患，这涉及道德问题甚至法律问题。尤其是关于学生的隐私、数据等问题，是促进学生的学习和成长，还是成为干扰甚至伤害学生的因素，这些在教师应用人工智能来获取学生数据资料以及分析学生情况的时候，都需要谨慎。另外，在学生使用人工智能的过程中，是否正确应用人工智能，而非使其成为造成学生不良行为的工具，也要引起重视。在人机协同过程中，教师应该意识到人工智能在应用时可能存在的伦理风险，应具有安全意识和风险意识，防范人工智能不合理应用所产生的负面影响。

P班小滢同学在其作业中提出，在学生使用人工智能的过程中，教师应起到导向作用，避免学生误用人工智能而造成不良影响。

教师担当着学生与人工智能的引领与衔接作用。学生极易在大数据与技术应用过程中迷失自我，教师承担其中正确的导向作用。例如作业帮、小猿搜题等软件的本意是帮助学生在课余时间能够自主学习，但是不少学生却因为自制能力的不足利用这些软件进行抄袭。如若老师在其中引导，将这些App的应用转移至自习课上，为学生答疑分身乏术时，人工智能就能帮助同学解决难题。（小滢，P班）

（三）教师人机协同志趣

教师人机协同志趣涉及教师对人机协同的好奇心和兴趣，即教师对人机协同是否感兴趣，是否愿意与人工智能协作，是否愿意学习如何与人工智能协作。教师对人机协同的好奇心和兴趣，尤其是在面对人机协同问题的时候，教师是否愿意去面对并努力解决问题，影响着教师与人工智能的协作效果。我国《新一代人工智能发展规划》等政策报告中，对人工智能人才的培育与智能教育的实施高度重视。教师人机协同志趣影响着教师是否能运用人工智能来促进人才培养。因此，教师应该培养个人与人工智能协作的兴趣，并在人机协作的过程中，提升学生的人机协作意识，激发学生对人工智能的兴趣。

P班小馨同学在其作业中指出，人工智能时代的教师应与时俱进，培养对人机协作的志趣。

人工智能的脚步无法停下，因此，我们作为师范生理应与时俱进，培养对人机协作的志趣，学习人机协作知识与技能，将人工智能视为工具，充当人工智能与学生之间的桥梁，在其未来临之际做好准备。（小馨，P班）

P班小硬同学在其作业中对人工智能持积极态度，认为“人机共教”会成为必然。

面对不断加速前来的人工智能时代，我们师范生应该以积极的态度迎接它的到来。人工智能在教育教学的过程中起着重要的作用，不仅能够减轻学生和教师的压力，还能以更强的专业知识对学生进行知识熏陶，使得学生在知识层面得到较为全面的发展。教师与人工智能互相结合，不仅能够增强学习的效率，还能够帮助学生健全身心发展，好处是显而易见的。因此，作为未来教师的我们，不管是为了自己还是为了祖国未来的花朵，都应以积极的态

度迎接人工智能时代的到来。未来,“人机共教”必然成为一种趋势!(小硬,P班)

从师范生的作业中可以看出,作为准教师的师范生,认识到了教师与人工智能之间协作的必要,并表达了愿意与人工智能协作的态度。

综上所述,人工智能时代的教育是面向未来的,是为了追求理想教育,应该思想观念先行。人工智能作为一种技术形态的存在,强调的是追求技术的效率。而教育作为一种培养人的活动,应强调人的属性,而非工具属性。因此,人工智能作为一种可选择性的存在,该如何合理合情合法地融入教育,是教师应该考虑的关键问题之一。

第四章 人工智能时代教师素养的影响因素

基于生态系统理论，从宏观、中观、微观视角来分析人工智能时代教师素养的影响因素。主观因素与客观因素，组织的利益与群体的利益，都对人工智能时代的教师素养产生影响。在此，主要分析技术、政府、企业、学校、教师五方面的影响。

第一节 技术：人工智能发展的维度

人工智能于1956年首次被提出后，几经起落，在经历了60年的发展后进入爆发式增长期，特别是在移动互联网、大数据、超级计算、物联网、脑科学等新理论新技术以及经济社会发展强烈需求的共同驱动下，人工智能呈现出深度学习、跨界融合、人机协同等新特征，深刻影响了人们的社会生活。目前，以模型创新为源头，以代码、数据、基准测试和计算架构开源为途径，与领域快速融合并呈现颠覆性应用的人工智能生态正在快速形成。[①] 人工智能自身是不断发展进步的，所以对应的教师人工智能素养、人机协同素养也需要更新。

中国信息通信研究院始建于1957年，是工业和信息化部直属科研事业单位。作为国家高端专业智库，在4G/5G、工业互联网、智能制造、移动互联网、物联网、车联网、未来网络、云计算、大数据、人工智能、虚拟现实/增强现实(VR/AR)、智能硬件、网络与信息安全等方面进行了深入研究与前瞻布局，发布了一系列相关报告。

2022年4月12日，中国信息通信研究院发布了《人工智能白皮书(2022)》[②]，其中，对人工智能的发展进行了概述，提出了人工智能的技术演进方向，分析了人工智能治理问题。基于对该报告的解读可以发现：近年来，人工智能迈向可持续发展阶段。深度学习算法的突破、算力的不断提升以及海量数据的持续积累，为人工智能得以真正大范围地从实验室走向产业实践提供了条件。随着技术的持续迭代，人工智能应用不断优化。与此同时，也带来了各种风险和挑战，因此对人工智能治理的关注也提上日程。技术创新、工程实践和安全可信成为人工智能发展的新坐标，三者相互交织、相互作用。

一、技术创新

主要表现为：深度学习技术大爆发(计算机视觉、智能语音、自然语言处理等领域技术性能不断提高)；人工智能算力多元化(从GPU到ASIC、FPGA等芯片，从DNN芯片到脑芯片持续探索)；单点算力持续提升(英伟达A100、寒武纪思元270等相比上一代产品提升2～3倍)；超大规模模型不断涌现(自GPT-3后，盘古、悟道2.0等超大规模预训练模型纷纷推出)。

算法、算力和数据被称为人工智能的三驾马车。在算法层面，超大规模预训练模型是近两年的热点；知识驱动的人工智能研究成为提升认知能力的重要探索；人工智能与各科学领域的融合受到越来越多的关注。在算力层面，单点算力持续提升，算力定制化、多元化成为重要发展趋势；计算技术围绕数据处理、数据存储、数据交互三大能力要素演进升级，向类脑芯片、量子

---

① 于汉超，刘慧晖，魏秀，等. 人工智能政策解析及建议[J]. 科技导报，2018，36(17)：75-82.

② 中国信息通信研究院. 人工智能白皮书(2022)[EB/OL]. (2022-04-12)[2022-05-04]. http://www.caict.ac.cn/kxyj/qwfb/bps/202204/P020220412613255124271.pdf.

计算等方向持续探索。在数据层面，以深度学习为代表的人工智能需要大量的标注数据，数据服务走向精细化和定制化。

二、工程实践

主要表现为：软硬件工具不断丰富（各企业深度学习软件框架相继开源，软硬件协同效应逐渐显现）；全周期工具链逐渐成形（围绕着数据标注、清洗、模型开发训练，部署运营全生命周期的工具链不断完善）；自动运维体系日益成熟（MLOps 等面向人工智能的自动管理运维等体系日益成熟）。

目前，企业应用人工智能呈现出从初步探索到规模应用的过渡，不断提升工程实践能力是未来人工智能应用的关键。在学术界，卡内基梅隆大学软件工程学院研究所于近年启动人工智能工程化研究，并联合高校和工业界承担了一项由美国官方机构资助的国家研究计划。

自动机器学习技术是提升工程化能力的重要能力。自动机器学习是指机器学习开发应用全流程的部分环节或全部环节实现自动化，可以有效应对当前阶段人工智能门槛高、技术人才匮乏等挑战。当前，互联网巨头和创新企业已开始布局 AutoML 技术和工具，但受限于技术成熟度，AutoML 的应用场景还停留在某些开发环节（如特征工程）或某些特定的技术领域（如语音识别、目标检测、智能对话等）。另外，云边端协同管理的技术需求逐渐凸显，人工智能上云进程不断加速。

三、安全可信

主要表现为：可信理念逐渐被接受（由学术界率先提出，到国际组织、政府等普遍接受，纷纷致力于推动可信人工智能发展）；产业开始探索可信实践（产业界推动构建可信人工智能标准等，全球各企业推出可信人工智能相关工具）。可信人工智能的基础支撑能力是由人工智能系统稳定性、可解释性、隐私保护、公平性等构成。

人工智能系统稳定性技术重点逐渐从数字域扩展到物理域。比如，华为、百度等推出了基于模糊理论的关键测试技术，致力于探索提高人工智能系统的稳定性。人工智能可解释性增强技术仍处在初期阶段，多种途径持续探索。

隐私计算技术助力人工智能数据安全可信地进行协作。人工智能结合隐私计算技术，可以从数据源端确保原始数据真实可信。利用隐私计算技术，数据“可用不可见”，形成物理分散的多元数据的逻辑集中视图，可以保证人工智能模型有充足的、可信的数据可供利用。

提升人工智能公平性的关键在于从数据和技术两方面入手。从数据层面来看，主要通过构建完整异构数据集，将数据固有歧视和偏见最小化；对数据集进行周期性检查，保证数据高质量性。从技术层面来看，需要通过引入公平决策量化指标的算法，来减轻或消除决策偏差及潜在的歧视。

人工智能作为客观因素，随着技术的不断更新与发展，对教师素养不断提出新要求，不仅带来了机遇，也带来了挑战。因此，对教师素养的具体要求也应做出相应调整。

第二节　政府：政策与项目的维度

政府是人工智能时代教师素养形成和培养的宏观影响因素。一方面，政府颁布人工智能政策；另一方面，政府推动“人工智能＋教育”项目。

一、政府颁布人工智能相关政策

（一）世界各国颁布了人工智能相关政策

随着人工智能的不断发展，世界各国将人工智能作为提升国家竞争力的重要战略。为了推动人工智能发展，培育人工智能人才，美国、英国、日本等国家政府部门出台了一系列相关政策（见表4.1）。这体现了各个国家对人工智能的重视，也体现了人工智能在新一轮科技竞争中的重要作用。

联合国教科文组织在《反思教育：向“全球共同利益”的理念转变》中提出了这样的问题：“21世纪需要怎样的教育？在当前社会变革的背景下，教育的宗旨是什么？”并对此做出回答：应提倡人文主义的教育观，实现可持续发展的未来。在此基础上提出，批判性思维、独立判断、解决问题以及信息和媒体素养是培养变革态度的关键。为了填补美国学校所教内容与21世纪生活和工作所需知识及技能之间存在的鸿沟，美国政府提出了“21世纪技能”，其主要思想是学校需要整合3个“R”，即核心课程；4个“C”，即批判性思维与问题解决、交流与合作能力。其中，“学习与创新技能”是精神内核，“信息、媒介与技术技能”是技术基础，“生活与职业技能”是实践环境。

表 4.1　世界各国人工智能部分相关政策

时间	名称	颁布机构
2016 年 10 月	《为人工智能的未来做好准备》(*Preparing for the Future of Artificial Intelligence*)	美国联邦政府
2016 年 10 月	《国家人工智能研发战略规划》(*The National Artificial Intelligence Research and Development Strategic Plan*)	美国联邦政府
2016 年 12 月	《人工智能、自动化和经济》(*Artificial Intelligence, Automation, and the Economy*)	美国联邦政府
2016 年 12 月	《人工智能:未来决策制定的机遇与影响》(*Artificial Intelligence: Opportunities and Implication for the Future of Decision Making*)	英国政府
2017 年 10 月	《在英国发展人工智能产业》(*Growing the Artificial Intelligence Industry in the UK*)	英国政府
2021 年 9 月	《国家人工智能战略》(National AI Strategy)	英国政府
2021 年 6 月	AI 战略 2021	日本政府

美国联邦政府颁布的《为人工智能的未来做好准备》报告中指出,人工智能的研究、设计、开发、应用等都离不开相关人才的培养。当前美国经济正在迅速转型,教育工作者认识到计算机思维能力是社会流动所必需的“新基础”技能。这就要求学校教育致力于培养并提高学生的数据素养、计算机思维能力和人工智能应用能力,使学生有能力阅读使用数据并通过数据分析进行交流、解释,成为具备数据素养、适应人工智能时代的人才。美国联邦政府颁布的《人工智能、自动化和经济》报告中指出,随着人工智能的发展,就业市场对劳动力提出了新的要求,学生需被培养成能为未来社会发展做贡献的人才。当前人工智能驱动的经济转型改变了工作性质和就业市场对人才的能力需求,因此需要进一步进行教育改革,通过学校教育培养学生的综合素养和关键能力,尤其是丰富学生的数学、阅读、计算机科学等方面的知识,以更好地帮助学生适应未来的就业市场。[①] 报告中对学校教育目标提出了新的要求,要求学生具备数据素养、计算机思维、人工智能应用能力等。作为培养学生的教师,也应该具备这些素养。

① 胡伟.人工智能时代的教育改革:背景、方向与路径[J].现代教育技术,2019(7):12-17.

美国国家科学技术委员会下属的科学、技术、数学教育委员会联合不同的政府部门支持STEM(科学、技术、工程和数学)教育，其中包含人工智能教育等诸多主题。人工智能知识越来越受到重视，联邦政府在人工智能劳动力发展方面有重要作用，包括支持研究生项目，资助人工智能课程设计研究项目，开展人工智能教育项目。一方面，美国政府提供资金支持。美国教育部2018年宣布下一财年将向STEM教育投资2.79亿美元。该举措兑现了时任美国总统的特朗普向STEM教育投资2亿美元的承诺。时任美国教育部长的贝齐·德沃斯说:“STEM教育会对学生产生长远的影响。拨款有助于确保学生尽早接触STEM教育，使其在21世纪经济社会中具备取得成功的素质。”另一方面，美国政府提供政策支持。美国联邦政府加强了对人工智能相关学科领域如计算机科学、软件开发、统计学等研究的政策支持。《为人工智能的未来做好准备》中的“建议14”提出:“美国国家科学技术委员会下属的机器学习与人工智能分委员会(其重要职责是帮助联邦政府负责人工智能相关事务，进行跨部门协调，提供人工智能相关技术和政策建议，监督企业、研究机构和联邦政府进行人工智能技术研发)和科学、技术、数学教育委员会应该共同合作开展研究，以确保人工智能劳动力的规模、质量和多样性，包括人工智能研究人员、专业人员和使用人员。”

(二) 中国政府颁布了人工智能相关政策

2015年以来，中国政府颁布了一系列推动人工智能发展的相关政策(见表4.2)。这些政策从强调智能制造，到将人工智能作为国家战略，反映出政府层面对人工智能的推动力度逐渐增强。

P班小奕同学在其作业中强调了政府政策支持对人工智能发展起到推动作用，也进一步提出了对教师的新要求。

人工智能的发展，还有一个很大的推动力，就是政策的支持。现在，科技创新能力已经越来越成为综合国力竞争的决定性因素，国家对科技创新的支持程度，直接地影响着科技创新的发展。国家通过颁布政策推动了人工智能的发展，也对教师提出了人工智能时代的新要求。(小奕，P班)

对于我国而言，国家级的政策颁布，对于教育教学改革起着重要的引领作用，对于教师素养的构成与培养起到指挥棒的作用。

表 4.2　中国政府人工智能部分相关政策

颁布时间	政策名称	颁布部门	主要内容
2015 年 5 月	《中国制造 2025》	国务院	在第二部分“战略方针和目标”中的“指导思想”中提出要以推进智能制造为主攻方向。 在第三部分“战略任务和重点”中，提出推进信息化与工业化深度融合。其中指出，加快推动新一代信息技术与制造技术融合发展，把智能制造作为两化深度融合的主攻方向；着力发展智能装备和智能产品，推进生产过程智能化，培育新型生产方式，全面提升企业研发、生产、管理和服务的智能化水平。 在第四部分“战略支撑和保障”中，提出健全多层次人才培养体系。其中指出，以高层次、急需紧缺专业技术人才和创新型人才为重点，实施专业技术人才知识更新工程和先进制造卓越工程师培养计划，在高等学校建设一批工程创新训练中心，打造高素质专业技术人才队伍
2015 年 7 月	《关于积极推进“互联网＋”行动的指导意见》	国务院	在第一部分“行动要求”中的“发展目标”中提出人工智能等技术及其产业化能力显著增强。到 2025 年，网络化、智能化、服务化、协同化的“互联网＋”产业生态体系基本完善。 在第二部分“重点行动”中提出“互联网＋”人工智能。其中指出，依托互联网平台提供人工智能公共创新服务，加快人工智能核心技术突破，促进人工智能在智能家居、智能终端、智能汽车、机器人等领域的推广应用；要进一步推进计算机视觉、智能语音处理、生物特征识别、自然语言理解、智能决策控制以及新型人机交互等关键技术的研发和产业化。推动互联网技术以及智能感知、模式识别、智能分析、智能控制等智能技术在机器人领域的深入应用，大力提升机器人产品在传感、交互、控制等方面的性能和智能化水平，提高核心竞争力

（续表）

颁布时间	政策名称	颁布部门	主要内容
2016 年 5 月	《“互联网+”人工智能三年行动实施方案》	国家发展改革委、科技部、工业和信息化部、中央网信办	在第三部分“推进重点领域智能产品创新”中提出支持在制造、教育、环境、交通、商业、健康医疗、网络安全、社会治理等重要领域开展人工智能应用试点示范，推动人工智能的规模化应用。推动医疗康复、教育娱乐、家庭服务等特定场景的智能服务机器人研发与应用。 在第五部分“保障措施”的人才培养方面，提出鼓励相关研究机构、高等院校和专家开展人工智能基础知识和应用培训。依托国家重大人才工程，加快培养引进一批高端、复合型人才。完善高校的人工智能相关专业、课程设置，注重人工智能与其他学科专业的交叉融合，鼓励高校、科研院所与企业间开展合作，建设一批人工智能实训基地。支持人工智能领域高端人才赴海外开展前沿技术、标准等学术交流，提升技术交流水平
2016 年 7 月	《“十三五”国家科技创新规划》	国务院	要大力发展泛在融合、绿色宽带、安全智能的新一代信息技术，研发新一代互联网技术，保障网络空间安全，促进信息技术向各行业广泛渗透与深度融合。同时，研发新一代互联网技术以及发展自然人机交互技术成首要目标。其中人工智能方面，重点发展大数据驱动的类人智能技术方法，在基于大数据分析的类人智能方向取得重要突破
2016 年 11 月	《“十三五”国家战略性新兴产业发展规划》	国务院	发展人工智能，培育人工智能产业生态，推动人工智能技术向各行业全面融合渗透。具体包括：加快人工智能支撑体系建设；推动人工智能技术在各个领域应用，鼓励各行业加强与人工智能融合，逐步实现智能级升级
2017 年 7 月	《新一代人工智能发展规划》	国务院	确定新一代人工智能发展三步走战略目标，人工智能上升为国家战略层面。到 2030 年使中国人工智能理论、技术与应用总体达到世界领先水平，核心产业规模超过 1 万亿元，带动相关产业规模超过 10 万亿元，成为世界主要人工智能创新中心

（续表）

颁布时间	政策名称	颁布部门	主要内容
2017 年 12 月	《促进新一代人工智能产业发展三年行动计划(2018—2020 年)》	工业和信息化部	从推动产业发展角度出发，结合“中国制造2025”，对《新一代人工智能发展规划》相关任务进行了细化和落实，详细规划了人工智能在未来三年的重点发展方向和目标，每个方向的目标都做了非常细致的量化。以新一代人工智能技术的产业化和集成应用为重点，推动人工智能和实体经济深度融合
2018 年 1 月	《关于全面深化新时代教师队伍建设改革的意见》	中共中央、国务院	提出教师应该主动适应信息化、人工智能等新技术变革，积极有效开展教育教学
2018 年 4 月	《高等学校人工智能创新行动计划》	教育部	提出了要优化高校人工智能领域科技创新体系、完善人工智能领域人才培养体系、推动高校人工智能领域科技成果转化与示范应用三个重点任务
2018 年 4 月	《教育信息化 2.0 行动计划》	教育部	提出了“人工智能＋教师队伍建设行动”，推动以人工智能手段支持“教师治理、教师教育、教育教学、精准扶贫”等新路径。在“人工智能＋教师队伍建设行动”框架下的师范生培养方案，强调了师范生信息素养培育与师范生信息化教学能力培养的重要性，以及完善相对应的师范教育课程体系的重要性
2018 年 9 月	《教育部关于实施卓越教师培养计划 2.0 的意见》	教育部	提出人工智能等新技术将与教师教育课程全方位融合，并对计划实施高校加强教师教育的学科建设，完善学位授予点布局，教育硕士、教育博士授予单位及授予点向师范院校倾斜
2018 年 9 月	《关于加快建设高水平本科教育全面提高人才培养能力的意见》	教育部	以促进学生全面发展为中心作为高等院校的人才培养的原则

（续表）

颁布时间	政策名称	颁布部门	主要内容
2019年2月	《中国教育现代化2035》	中共中央、国务院	提出了推进教育现代化的八大基本理念：更加注重以德为先，更加注重全面发展，更加注重面向人人，更加注重终身学习，更加注重因材施教，更加注重知行合一，更加注重融合发展，更加注重共建共享。明确了推进教育现代化的基本原则：坚持党的领导、坚持中国特色、坚持优先发展、坚持服务人民、坚持改革创新、坚持依法治教、坚持统筹推进
2019年3月	《2019年教育信息化和网络安全工作要点》	教育部	指出将开始推动在中小学阶段设置人工智能相关课程，逐步推广编程教育
2021年6月	《全民科学素质行动规划纲要（2021—2035年）》	国务院	实施智慧科普建设工程。推进科普与大数据、云计算、人工智能、区块链等技术深度融合，强化需求感知、用户分层、情景应用理念，推动传播方式、组织动员、运营服务等创新升级，加强"科普中国"建设，充分利用现有平台构建国家级科学传播网络平台和科学辟谣平台。强化科普信息落地应用，与智慧教育、智慧城市、智慧社区等深度融合

《新一代人工智能发展规划》是国家推动人工智能发展的重要政策，其中强调"加快人工智能创新应用"。文件要求："利用智能技术加快推动人才培养模式、教学方式改革，构建包含智能学习、交互式学习的新型教育体系""开展智能校园建设，推动人工智能在教学、管理、资源建设等全流程应用""广泛开展人工智能科普活动""实施全民智能教育项目，在中小学阶段设置人工智能相关课程""支持开展人工智能竞赛""开发立体综合教学场、基于大数据智能的在线学习教育平台"。通过对政策的文本分析可以看出，政府通过政策颁布全方位推动人工智能在学校教育中的应用，包括校园建设、人才培养、课程教学等方面。这对教师素养提出了应用人工智能的新要求。

《中共中央 国务院关于全面深化新时代教师队伍建设改革的意见》中提出，

"教师主动适应信息化、人工智能等新技术变革,积极有效开展教育教学"①。相关政策的出台,对教师提出了新的要求,尤其是促进教师运用人工智能技术开展教育教学活动。而教师专业素养的提升,是教师适应人工智能时代教育教学活动的关键,因此,亟须明确教师需要具备哪些素养以适应人工智能时代的需求,适应国家发展的需求。

国家颁布的政策不仅强调人工智能在各领域的应用,还强调促进人工智能的技术发展,培养适应以及推动人工智能发展的人才。以专门针对高校的人工智能政策《高等学校人工智能创新行动计划》(简称《行动计划》)为例,国家对教育领域尤其是高等教育提出了如下要求:

第一,以推动高校人工智能创新为任务。《行动计划》中指出,"为贯彻落实《国务院关于印发新一代人工智能发展规划的通知》(国发〔2017〕35 号)和 2017 年全国高校科技工作会议精神,引导高校瞄准世界科技前沿,强化基础研究,实现前瞻性基础研究和引领性原创成果的重大突破,进一步提升高校人工智能领域科技创新、人才培养和服务国家需求的能力,特制定本行动计划"②。为推动高校人工智能创新,具体从"优化高校人工智能领域科技创新体系""完善人工智能领域人才培养体系"和"推动高校人工智能领域科技成果转化与示范应用"③三个方面提出 18 条重点任务。

第二,建设人工智能创新基地与创新团队。聚焦并加强新一代人工智能基础理论和核心关键技术研究,比如重点推进大数据智能、跨媒体感知计算、混合增强智能等基础理论研究;加快机器学习、计算机视觉等核心关键技术研究。高校还要加快建设人工智能科技创新基地,加快建设一流人才队伍和高水平创新团队,支持高校组建一批人工智能、脑科学和认知科学等跨学科、综合交叉的创新团队和创新研究群体。

第三,促进人工智能专业及交叉学科建设。在学科建设方面,《行动计划》支持高校在计算机科学与技术学科设置人工智能学科方向,深入论证并

---

① 教育部.中共中央 国务院关于全面深化新时代教师队伍建设改革的意见[EB/OL].(2018-01-31)[2022-05-04]. http://www.moe.gov.cn/jyb_xwfb/moe_1946/fj_2018/201801/t20180131_326148.html.

② 教育部.教育部关于印发《高等学校人工智能创新行动计划》的通知[EB/OL].(2018-04-03)[2022-05-04]. http://www.moe.gov.cn/srcsite/A16/s7062/201804/t20180410_332722.html.

③ 教育部.教育部解读《高等学校人工智能创新行动计划》[EB/OL].(2018-06-08)[2022-05-04]. http://www.moe.gov.cn/jyb_xwfb/xw_fbh/moe_2069/xwfbh_2018n/xwfb_20180608/mtbd/201806/t20180611_339062.html.

确定人工智能学科内涵，完善人工智能的学科体系，推动人工智能领域一级学科建设。在专业建设方面，重视人工智能与计算机、控制、数学等学科专业教育的交叉融合，探索“人工智能＋X”的人才培养模式。在教材建设方面，加快人工智能领域科技成果和资源向教育教学转化。

基于以上分析，作为高校教师，不仅要注重学科与人工智能的融合，探索“人工智能＋X”的人才培养模式，还要应用人工智能产品促进教育教学活动。《行动计划》中提到，面向高校学生的计算机基础教育过程中需要将人工智能纳入大学计算机基础教学内容，纳入的方式分成两类：一是人工智能相关知识；二是人工智能相关的技能课程。这都要求教师需要具备人工智能素养。

二、政府推动“人工智能＋教育”项目

政府提出的“人工智能＋教育”项目对于培养适应人工智能时代的教师具有积极影响，有助于提升人工智能时代的教师素养。一方面，政府开展了首批人工智能助推教师队伍建设行动试点；另一方面，政府启动了第二批人工智能助推教师队伍建设行动试点。

（一）开展首批人工智能助推教师队伍建设行动试点

2018 年 8 月，教育部发布的《教育部办公厅关于开展人工智能助推教师队伍建设行动试点工作的通知》指出，“为贯彻落实《中共中央 国务院关于全面深化新时代教师队伍建设改革的意见》《国务院关于印发新一代人工智能发展规划的通知》《教育部等五部门关于印发〈教师教育振兴行动计划(2018—2022 年)〉的通知》(教师〔2018〕2 号)精神，推动教师主动适应信息化、人工智能等新技术变革，积极有效开展教育教学，经研究，教育部决定在宁夏和北京外国语大学开展人工智能助推教师队伍建设行动试点工作”[①]。这是国家建立的首批人工智能助推教师队伍建设行动试点，建设期三年。人工智能助推教师队伍建设行动试点工作中提出对教师进行智能教育素养培训，帮助教师把握人工智能技术进展，推动教师积极运用人工智能技术，改进教育教学、创新人才培养模式。

---

① 教育部.教育部办公厅关于开展人工智能助推教师队伍建设行动试点工作的通知[EB/OL].(2018-08-08)[2022-05-04]. http://www.moe.gov.cn/srcsite/A10/s7034/201808/t20180815_345323.html.

北京外国语大学作为第一批唯一的试点高校，积极推动人工智能助推教师队伍建设工作，积极开展各项活动。比如开展了“全国教师智能教育素养提升论坛暨第二届北京外国语大学—英国开放大学在线教育研修班”。经过三年建设工作，2021 年 9 月 17 日，举行了“教育部人工智能助推教师队伍建设行动”北京外国语大学试点工作总结交流会。在会议上，北京外国语大学党委书记王定华指出，“经过三年砥砺前行，北外全面提升教育教学信息化能力，助力高校教学提质增效，推进教师人工智能素养发展，凸显试点高校的责任和担当”[①]。在建设期间，北京外国语大学建设了人工智能与人类语言重点实验室、全球语言文化 VR 实验室、教师发展智能实验室、智能教室示范中心、智能教学保障中心、智能教室样板间等。

北京外国语大学向全国兄弟院校发出《人工智能助推高校教师发展之北外倡议》[②]，从战略地位、高校规划、环境建设、系统研发、协同合作、教师服务等 10 个方面号召各高校积极应对人工智能对高等教育产生的重大深远影响，不断探索人工智能赋能教育教学、促进教师发展、改善教育管理、助推教育公平的有效路径。

（二）启动第二批人工智能助推教师队伍建设行动试点

为贯彻落实《中共中央 国务院关于全面深化新时代教师队伍建设改革的意见》，深入推进人工智能等新技术与教师队伍建设的融合，推动教师主动适应信息化、人工智能等新技术变革，积极有效开展教育教学，教育部启动第二批人工智能助推教师队伍建设试点。[③] 在各地推荐基础上，经审核认定，决定在北京大学等单位实施第二批人工智能助推教师队伍建设试点工作。第二批试点工作聚焦积极推进人工智能、大数据、第五代移动通信技术（5G）等新技术与教师队伍建设的融合，形成新技术助推教师队伍建设的新路径和新模式，打造高水平专业化创新型教师队伍，支撑教育强国战略与教育现代化。高等学校要重点推进四项工作，包括创建智能化教育环境，提升教师技术素

---

① 外研社，信息技术中心.“教育部人工智能助推教师队伍建设行动”北京外国语大学试点工作总结交流会举行[EB/OL].（2021－09－17）[2022－05－03]. https://news.bfsu.edu.cn/article/287656/cate/4.

② 北京外国语大学党委宣传部.人工智能助推高校教师发展之北外倡议[EB/OL].（2021－09－17）[2022－05－04]. https://news.bfsu.edu.cn/archives/287599.

③ 教育部.教育部关于实施第二批人工智能助推教师队伍建设行动试点工作的通知[EB/OL].（2021－09－18）[2022－05－04]. http://www.moe.gov.cn/srcsite/A10/s7034/202109/t20210915_563278.html.

养与应用能力，推进教师大数据建设与应用，服务地方教育教学改革与创新等。

联合国教科文组织教育助理总干事贾尼尼曾在2021年人工智能与教育国际研讨会的开幕致辞中表示，“所有公民都需要具备包括知识、理解、技能和价值观等在内的人工智能素养”①。政府在提高公民人工智能素养的过程中起着宏观调控的作用。推动人工智能在教育中的应用，需要教师作为重要的执行者，政府对教师提出了一系列要求，其中就包括教师需要具备人工智能时代教师素养。

第三节　企业：研发与推广的维度

随着人工智能的不断发展，各领域人工智能应用不断涌现。在金融领域，人工智能深入前台、中台、后台全过程；在医疗领域，医疗人工智能开始迈入市场化阶段；在制造领域，人工智能快速发展。企业应用人工智能呈现出从初步探索到规模应用的过渡。Gartner连续两年将人工智能工程化列为年度战略技术趋势之一，阿里云等企业把人工智能工程化视作将AI变为企业生产力的关键。② 各大科技巨头纷纷成立了人工智能实验室，推出人工智能产品，推动人工智能研发与产品应用。

一、企业成立人工智能实验室推动人工智能研发

国内外互联网企业将人工智能产品作为重要开发项目。很多互联网企业成立了人工智能研究院或人工智能实验室，比如腾讯人工智能实验室及腾讯机器人实验室。

---

① 中国教育报.联合国教科文组织：发布基础教育阶段人工智能课程全球报告[EB/OL].(2022-03-03)[2022-05-16]. https://baijiahao.baidu.com/s?id=1726257338975943072&wfr=spider&for=pc.

② 中国信息通信研究院.人工智能白皮书(2022)[EB/OL].(2022-04-12)[2022-05-04]. http://www.caict.ac.cn/kxyj/qwfb/bps/202204/P020220412613255124271.pdf.

（一）腾讯人工智能实验室

腾讯人工智能实验室（Tencent AI Lab）团队由100余位来自世界知名院校的科学家，以及300多位经验丰富的应用工程师组成，并与世界顶级院校与机构合作，共同打造产学研用一体的AI生态。坚持“学术有影响，工业有产出”的理念，在踏实科研、创新应用两个方向，稳步向“让AI无处不在（Make AI Everywhere）”的愿景迈进。基础研究方向包括计算机视觉、语音识别、自然语言处理和机器学习，应用探索结合了腾讯场景与业务优势，为内容、游戏、社交和平台工具型AI四类，目前已打造出围棋AI“绝艺”，技术也被微信、QQ、天天快报和QQ音乐等上百个腾讯产品使用。[①] 腾讯人工智能实验室也负责研究教育中的人工智能，为推动“人工智能＋教育”提供理论研究。

（二）腾讯机器人实验室

腾讯机器人实验室是腾讯设立的机器人研发实验室（Robotics X）。2018年3月15日，在“腾讯AI Lab第二届学术论坛”上，腾讯AI实验室宣布与施普林格·自然集团（Springer Nature）旗下的自然科研（Nature Research）正式达成战略合作，宣布即将成立机器人实验室“Robotics X”，共同推动“AI＋医疗”领域的跨学科研究，促进人工智能产学研一体化。[②] Robotics X和AI Lab将会成为腾讯AI产业的双基础支撑部门，进一步探索虚拟世界与真实世界的连接。[③] 机器人在学校教育教学中逐渐发挥作用，对教育机器人的研发对教师素养也提出了新要求。

二、企业开发人工智能产品推动人工智能应用

（一）人工智能产品

众多互联网巨头企业提供了各种人工智能产品，其中“人工智能即服务”平台中有很多是开源平台。这些平台提供了各种人工智能基础模块供开发者使用，而开发者无须从零开始编写人工智能算法。

---

① 腾讯人工智能实验室. 关于腾讯人工智能实验室[EB/OL]. [2022-05-16]. https://ai.tencent.com/ailab/zh/about.

② 新浪科技. 腾讯成立机器人实验室：与AI Lab成为腾讯AI支撑部门[EB/OL]. (2018-03-15)[2022-05-16]. http://tech.sina.com.cn/it/2018-03-15/doc-ifyscsmv9495097.shtml? _zbs_baidu_bk.

③ 凤凰网. 腾讯成立机器人实验室Robotics X，与Nature宣布长期合作[EB/OL]. (2018-03-15)[2022-05-16]. https://tech.ifeng.com/a/20180315/44908354_0.shtml.

表 4.3 “人工智能即服务(AI as a Service)”示例

科技公司	“人工智能即服务”平台	公司官方描述
阿里巴巴	阿里云(Alibaba Cloud)	提供各种基于云的人工智能工具,满足企业、网站或应用的需求
亚马逊	AWS	提供计算机视觉、语言、推荐和预测所需的预训练人工智能服务。能够大规模快速构建、训练和部署机器学习模型,或者构建为全部流行开源框架均可支持的定制模型
百度	EasyDL	支持客户构建无须编写代码的优质定制人工智能模型
谷歌	TensorFlow	端到端的机器学习开源平台,提供涵盖工具、资料库和社群资源的生态系统,使研究人员能够共享最先进的机器学习技术,使开发者能够轻易构建和部署机器学习赋能的应用程序
IBM	Watson	让用户能够对任何主机平台上的数据使用人工智能工具和应用程序
微软	Azure	提供100多项构建、部署和管理应用程序的服务
腾讯	众创空间(WeStart)	汇集各种人工智能能力、专业人才和行业资源,支持初创企业开设或改进。联通行业伙伴,传播人工智能技术,使之广泛应用于多个行业部门

(资料来源:联合国教科文组织.人工智能与教育:政策制定者指南[M].北京:教育科学出版社,2021:4.)

(二)人工智能教育产品

企业开发的人工智能课堂助手已应用于教育领域。如科大讯飞等企业很早就开始探索将人工智能用于教育领域,通过图像识别技术可借助电子机械产品进行作业批改、识题答题等,通过语音识别技术进行语音识别、发音纠错等。

腾讯教育高级顾问严玉庆指出,未来是人工智能的时代,腾讯教育一直在积极探索青少年人工智能教育,基于腾讯旗下四大人工智能实验室的技术优势,尤其是虚拟仿真技术,并依托智启人工智能团队课程开发能力,注重学生人工智能实验室的建设，注重以学生为中心的人工智能课程体系建构，注重易于理解和操作的教师教学平台设计，并通过内容资源整合、赛事活动组织、教师能力标准建设等多方面的努力，助力青少年成长为面向未来的创新人才。[①] 在信息科技新课标落地的背景下，腾讯教育将继续加强与学术研究机构、专家学者之间的合作，研发人工智能教育产品，推动青少年人工智能教育发展。

第四节　学校：硬件与软件的维度

人工智能时代，学校是教师素养形成和培养的重要影响因素。一方面，从硬件上来说，学校购买或引进的人工智能产品，为提高人工智能时代的教师素养提供了物质基础。另一方面，从软件上来说，第一，学校的规章制度，尤其是涉及教师考核、教师激励、教师评价的规章制度，对人工智能时代教师素养的形成和培养具有引导作用。第二，学校的培训活动，对人工智能时代教师素养的形成和培养具有保障作用。

一、硬件：学校购买或引进人工智能产品

从硬件角度来看，学校购买或引进的人工智能产品，一方面是实体人工智能产品，比如人工智能机器人；另一方面是虚拟人工智能产品，比如阿里云。这些人工智能产品的适用性、可操作性、引进成本影响教师的使用。

（一）人工智能产品的适用性

人工智能产品的引进是锦上添花、雪中送炭，还是弄巧成拙、适得其反，这首先取决于人工智能产品的适用性，是否适用于学校的规模、学校的环境、学校的师资水平等。如果适用，则是如虎添翼、如鱼得水；如果不适用，则是节外生枝、徒劳无功。

---

① 未来网新闻．未来基因联合腾讯教育在线直播　全面解读基础教育信息科技新课标[EB/OL]．(2022-05-10)[2022-05-16]．http://news.k618.cn/finance/money/202205/t20220510_18320738.html.

（二）人工智能产品的可操作性

人工智能产品的可操作性对于操作者而言至关重要。操作的复杂性程度，影响操作者的操作意愿、操作频次、操作熟练度等，还影响着人工智能产品在学校的推广与传播。

（三）人工智能产品的引进成本

学校在引进人工智能产品的过程中，引进成本也是学校关注的重要问题。正如P班小峰同学在其作业中提到，如果人工智能教育产品在学校的应用成本低于人类教师，那么人类教师被人工智能取代的可能性极大。

教育事业在当下是高成本的，需要耗费教师的劳动成本，教育事业在国家财政中也占大头，倘若使用人工智能代替人，教师的劳动成本将大大减少，人类对教师的需求将大大减少，教育事业成本将大大降低。在教育事业成本降低的前提下，学生学费将会大大减少，有利于教育普及。且人工智能教师对教育有很强的针对性，可以对学生进行相对更精确的个性化教育，有利于提高我国教育水平，人工智能教师代替人优势巨大，因此教师被取代的可能性极大。（小峰，P班）

基于教育的成本问题，这一点确实值得思考。人工智能产品的研发、制造和在教育教学中应用的成本与人类教师的成本相比，如果前者大大低于后者的话，那么至少从经济的角度出发，学校会引进人工智能替代人类教师，至少会替代一部分人类教师。

二、软件：学校规章制度及人工智能培训

从软件角度来看，学校的各项规章制度是否涉及教师应用人工智能的要求，以及学校针对人工智能的教师培训活动是否丰富都会影响教师人工智能素养。

（一）学校规章制度是否涉及人工智能

学校规章制度是否涉及教师应用人工智能，尤其是教师考核制度是否涉及教师的人工智能知识及应用等，是否有专门针对人工智能应用于教学的激励制度，这些都影响教师的人工智能素养及人机协同素养等。

（二）学校人工智能培训活动是否丰富

学校对教师开展的培训活动是否涉及人工智能知识、应用等，对教师的人工智能意识、知识、技能等方面都有影响。目前作为主要培养教师的师范

类院校，大部分在培养大纲及课程设置中尚未涉及人工智能相关内容，在教师资格证考试中，也未对人工智能知识和技能做出具体要求。因此，大部分教师欠缺人工智能知识与技能。许多学校对在职教师的人工智能相关培训也存在不足。中国教育科学研究院、华东师范大学、腾讯通力合作，对全国25个省市的16万学生、2万多教师以及1 000多名校长展开了问卷调查，并基于调查数据形成了《2022年人工智能教育蓝皮书》，其中指出，“目前受访学校的信息化硬件设备总体情况较好，但相关的软件系统还较为欠缺。超半数的受访学校已开设或正在筹备人工智能教育教学活动，教师整体认可人工智能教学工具的价值。但目前存在缺乏专业师资的问题，甚至在人工智能课程教师中，仅有三成左右在高等教育阶段接受过人工智能教学的相关课程培训”[①]。学校对教师进行人工智能培训，对职后教师应用人工智能产品起着重要作用。

第五节　教师：态度与水平的维度

影响人工智能时代教师素养的因素之一是教师自身。教师作为能动性的个体，其主观态度、知识能力水平、具体行动都会成为影响因素。本节主要从教师的态度和水平层面进行理论分析。

一、教师对人工智能的态度

联合国的人工智能报告中指出了智能机器人的核心问题，由于它们能够执行复杂的任务，无疑将影响就业市场和人类消费与接受服务的方式。除了法律与伦理道德的政府监管，公众对于智能化机器人的某一项功能的接受与拒绝所带来的社会、经济以及科技影响，也可能促进或阻碍智能机器人未来的发展、扩张及大规模应用。因此，政府必须考虑公众对于科技的需求和接受程度，才能在新兴科技迅猛发展引起社会结构剧烈变迁的过程中找准自己

① 中国新闻网．人工智能进课堂，智慧教育将带来哪些变化？[EB/OL].(2022-03-25)[2022-05-15]. https://baijiahao.baidu.com/s?id=1728275431383646254&wfr=spider&for=pc.

的角色。① 从教师的角度来说，对人工智能的接受或拒绝，或者说积极态度或消极态度，直接影响了教师人工智能素养及人机协同素养的形成。近年来，人工智能广泛应用于教育教学活动，教师作为人工智能移民，面对新技术的挑战，难免会产生畏难情绪，甚至抵触态度。当然，也会有些教师对人工智能持拥抱态度，积极响应人工智能在教育中的应用。

创新扩散理论根据创新精神，将创新采用者类别划分为创新先驱者、早期采用者、早期大众、后期大众、落后者。考虑到创新扩散过程的时间因素，可以将不同类型采用者的人数加以累积，可以据此绘制出创新—扩散的“S”形曲线。依据创新扩散理论对创新采用者的划分，人工智能作为一种应用于教育教学的创新，教师作为人工智能采用者，可以将教师划分为人工智能采用先驱者、早期人工智能采用者、早期人工智能采用大众、后期人工智能采用大众、人工智能采用落后者。这五类教师中，前两类对人工智能持积极态度，第三类对人工智能持中立态度，后两类对人工智能持消极态度。按照创新—扩散的“S”形曲线，刚开始走势缓慢，这个阶段的教师数量很少。然后走势极速攀升，直到学校中有一半教师接受人工智能为止，这个阶段的教师数量较多。随后走势又变缓慢，表示剩下的教师是零星地接受人工智能，这个阶段的教师数量很少。

（一）积极态度：人工智能采用先驱者

作为人工智能采用先驱者的教师，能够主动自学人工智能知识、技能等，思考如何将人工智能应用于教育教学并进行尝试。这类教师会主动寻找学习资源，购买相关书籍，借助各类学习平台，聆听专家课程或讲座，提升个人人工智能知识和人工智能技能等。作为学校的校长，可能会建议学校接受人工智能的相关信息，但由于个人和社交的特质，并不一定是人工智能采用先驱。

这类教师的特点是具有冒险精神，对新事物有浓厚兴趣。另外，这些教师要有足够的经济基础来应对使用人工智能产品可能带来的损失；拥有一定的人工智能知识和技能；有能力应对使用人工智能产品的高度不确定性。按照创新扩散理论，这类教师占比最低，大概占比为2.5%。

---

① 腾讯研究院.人工智能各国战略解读：联合国人工智能政策报告[J].电信网技术，2017(2)：26－28.

（二）积极态度：早期人工智能采用者

作为早期人工智能采用者的教师，能够按照学校要求，主动配合学校工作。面对学校提出的各项人工智能教育教学改革，这类教师持积极态度，愿意主动参与。作为早期人工智能采用者的教师比学校内的普通教师更具有创新性，但没有超过普通教师太多，因此他们是学校内很多教师效仿的榜样人物。

这类教师的特点是受同事尊敬，对同事有较强的影响力，能够起到带领作用。作为早期人工智能采用者的教师在接受人工智能后，会与同事分享人工智能知识学习和应用经验。按照创新扩散理论，这类教师占比次低，大概占比为13.5%。

（三）中立态度：早期人工智能采用大众

作为早期人工智能采用大众的教师，能够按照学校要求，被动配合学校工作。面对学校提出的各项人工智能教育教学改革，这类教师持中立态度，但被动配合学校各项要求。学校内同事的沟通刺激对这类教师接受或拒绝人工智能的影响力会日益增加。

这类教师的特点是在做出决策之前要考虑一段时间，经过深思熟虑之后，再做决定，谨慎地跟随潮流。按照创新扩散理论，这类教师占比最高，大概占比为34%。

（四）消极态度：后期人工智能采用大众

作为后期人工智能采用大众的教师，能够按照学校要求，消极配合学校工作。面对学校提出的各项人工智能教育教学改革，这类教师持消极态度，有选择地被动配合学校各项要求。这类教师接受人工智能可能是由于大部分人已接受，所以才跟随接受。

这类教师的特点是谨慎多疑，只有使用人工智能的不确定性逐渐减少或去除后，这部分教师才会有安全感，进而做出决策。按照创新扩散理论，这类教师占比也很高，大概占比为34%。

（五）消极态度：人工智能采用落后者

作为人工智能采用落后者的教师，难以按照学校要求配合学校工作。面对学校提出的各项人工智能教育教学改革，这类教师持消极态度，难以配合学校各项要求。这类教师在考虑是否使用人工智能时，参考的往往是过去的经验，也就是过去怎样、过去有没有。

这类教师的特点是传统、保守，这类教师需要经过很长时间才能接受新的方案，而且往往对人工智能持有抵触态度。按照创新扩散理论，这类教师占比不是很高，大概占比为16%。

二、教师人工智能知识技能水平

教师人工智能知识技能水平，一方面受到教师人工智能态度的影响，另一方面受到国家政策的影响。

（一）教师人工智能知识技能水平受到态度的影响

教师人工智能知识技能水平受到教师人工智能态度的影响。对人工智能持积极态度的教师，会自觉学习人工智能知识。教师人工智能技能水平受到教师人工智能态度和人工智能知识水平的影响。对人工智能持积极态度的教师，会自觉学习并练习人工智能技能。

P班小宇同学在其作业中提到，作为师范生，为了不被人工智能取代，应该增加自身知识储备。

人工智能时代的到来是一种不可逆的大事，作为师范生，我们只能适应不能抵抗，我们应当在大学中增加自身的知识储备，避免失去岗位的竞争力。（小宇，P班）

P班小淼同学在其作业中提出，人工智能的发展是不可逆的，因此要客观看待人工智能的利与弊。作为师范生，要合理地利用人工智能，不被人工智能左右。

面对人工智能的浪潮，我们首先要明白这是一个不可逆的趋势，我们必须要客观地面对它，正确地看到它的利与弊。作为师范生，我们要合理地利用人工智能，不被人工智能左右。人工智能只是教师使用的一种工具，能带来发展动力，但不能取代教师。人工智能的教育将由学生、教师、智能机器共同参与，其中，学生是探究者、发现者，教师是支持者、引导者、组织者，智能机器在物理世界、虚拟信息世界并存。智能化教学情境下，教师将面临一个全新的工作环境，要实现人机协同，提供个性化、多样性和适应性的教学，这对作为师范生的我们提出了更高的要求。我们需要更富学习能力，更富创造能力，更富对新技术的适应能力，真正在智能化的学习中做到教学相长。总的来说，作为师范生的我们必须与时俱进，充当好“连接者”和“创造者”，让人工智能更好地为教育服务。（小淼，P班）

作为准教师的师范生，其对人工智能的态度影响了学习人工智能知识技能的动力和积极性。

（二）教师人工智能知识技能水平受到政策的影响

教师人工智能知识技能水平还受到国家政策的影响。2017 年 7 月，国务院印发的《新一代人工智能发展规划》指出，“实施全民智能教育项目，在中小学阶段设置人工智能相关课程，逐步推广编程教育，鼓励社会力量参与寓教于乐的编程教学软件、游戏的开发和推广”。以北京东城区为例[①]，过去，初中信息技术课堂多数是以应用软件操作为主要教学内容，涉及编写程序及硬件操作的不多。面对国家政策要求，多数教师感觉措手不及。首先，教师自身的编写程序能力有限；其次，教师之前基本没接触过硬件传感器类的应用。

① 朱丽萍.引入优质资源 提升教师专业素养[J].中小学信息技术教育，2018(2)：101－102.

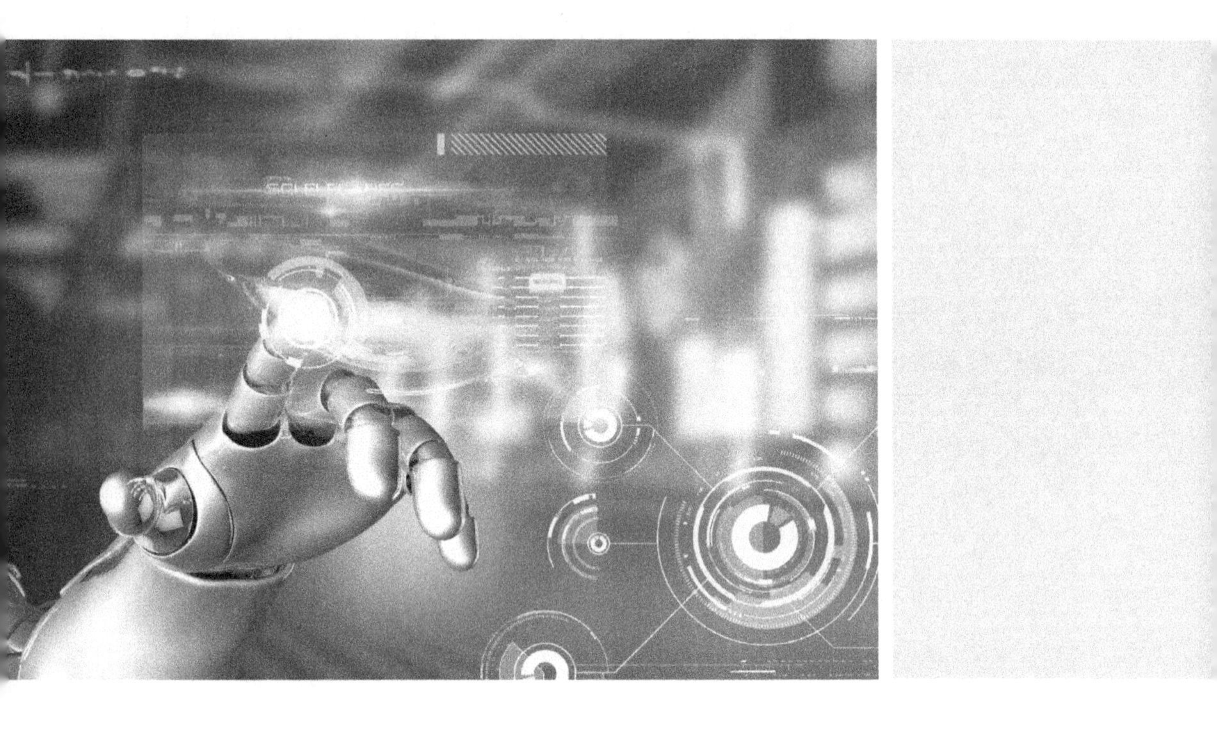

第五章 人工智能时代教师素养的培养策略

为了培养人工智能时代的教师素养，应采取以下策略：从国家层面，制定标准，投入资金；从企业层面，研发适用于教师的人工智能产品，推动可解释人工智能的发展；从学校层面，开展职前教师人工智能培养，开展在职教师人工智能培训；从教师层面，在观念上提升适应人工智能时代的认知，在实践上提升适应人工智能的能力。

第一节　政府：标准制定与资金支持

联合国经济和社会事务部(United Nations Department of Economic and Social Affairs)的索尔陶·弗里德里希(Soltau Friedrich)认为，"每个国家的政策制定者在将一般的机械自动化推进至智能自主化时，需要考虑诸多问题的应对措施，包括：加强社会保障系统；采取教育政策促进计算机人才的培养满足市场需求；制定政策促使劳动者从低技能行业向高技能行业流动；同时强化失业安全保障网应对国际贸易条约对劳动者带来的不利影响；制定政策提高在研究和开发领域的投资，促进发展中国家的市场竞争与发达国家的创新”①。本研究中，主要从标准制定和资金支持的维度讨论政府培养人工智能时代教师素养的策略。

一、政府制定人工智能时代的国家教师专业标准

政府需要发挥宏观调控作用，制定人工智能时代的国家教师专业标准，对学校及教师起到引领作用。

（一）政策要结合人工智能时代的教师素养的特征

人工智能时代的教师素养包括以下特征：

第一，可变——人工智能知识、技能可变。随着人工智能的发展，对教师人工智能素养的要求也随之发生变化。人工智能发展迅猛，相关技术迭代飞速，教师人工智能知识、技能等受到技术更新的影响，因此要及时进行阶段性调整。在弱人工智能阶段，人工智能的感知、计算和认知能力可以帮助个体收集并分析各类数据，为个体提供信息参考。在强人工智能阶段，人工智能将在设定目标、提出解决方案以及采取行动等方面，为人类提供各种支持。

第二，以人为本——人工智能知识、技能、伦理的个体差异性。知识、技能方面也要考虑以人为本，比如文科教师人工智能知识、技能学习与理工科的要求不同；比如说年轻教师、年长教师要求不同；比如说男性与女性要求不同；比如说公共课与专业课要求不同。

第三，人机协同——人与机器的关系。以人为主导，以人的发展为目的，这是人工智能时代教师素养的基本特征，也是教师素养制定的重要原则。人工智能起到辅助、协助作用，而非替代、取代教师角色。

（二）政策要成立专门部门推动人工智能教育应用

政府应成立专门部门研制人工智能相关政策，并协同多个部门共同参与。在制定公共领域人工智能政策的同时，制定专门的教育领域人工智能政策，组织专家、教师、学生、家长等利益共同体参与政策制定。在政策内容方面，应考虑到人工智能基础研究、传统学校与人工智能的融合问题，以及人工

---

① 腾讯研究院．人工智能各国战略解读：联合国人工智能政策报告[J]．电信网技术，2017(2)：26－28．

智能数据开放问题。加快研究人工智能带来的对教师就业结构、就业方式转变的技能需求,建立适应智能经济和智能社会需要的终身学习和教师培训体系,支持高等院校、职业学校、基础教育学校和社会化培训机构等开展教师人工智能技能培训,大幅提升教师专业技能,满足人工智能发展带来的对教师核心素养的需要。从政策执行层面来说,应对教育行政部门、学校等执行主体进行监督管理,提供政策执行需要的多种环境。在了解市场需求的基础上,制定教师应对人工智能所带来的挑战应具备的素养要求,推动与监督各级学校执行。总体来说,政府需要为教育领域中的人工智能应用提供良好的政策环境。

(三) 政策可以借鉴研究机构发布的教师能力标准

中国教育科学研究院、华东师范大学、腾讯联手,于 2022 年 3 月 24 日在北京发布了《人工智能教师能力标准(试行)》。中国教育科学研究院未来学校实验室主任王素指出,"《人工智能教师能力标准(试行)》明确了人工智能教师应当具备的技能,希望这一标准的制定,能够成为今后开展人工智能教师专业发展的一个指南,也可以作为人工智能教师培训以及评价的标准"[①]。这份标准的制定参考了国内外相关政策及标准文件,并结合中国人工智能教育发展实际,从人工智能理解与意识、基本知识、基本技能、问题解决、教学实践、伦理与安全等 6 个维度提出 18 项基本技能要求,为中小学人工智能教师培养、评价等工作提供参考依据。从合作角度来说,政府可以鼓励有关部门、研究机构、标准化组织、行业组织、企业积极参与人工智能领域的国际标准化工作,建立与国际标准化组织、有影响力的国际学术和产业组织间的标准交流合作机制,以此制定具有国际视野的教师能力标准。

(四) 政策要考虑到不同阶段学校教师素养的要求

人工智能时代的教师素养标准的制定需要考虑到不同阶段的教师需求。对幼儿园、小学、初中、高中、普通高校、职业学校、特殊学校等阶段的教师制定专门性的素养标准。可以借鉴《人工智能教师能力标准(试行)》的调查工具,对各个阶段教师展开调查,形成有针对性的调查报告,并据此制定人工智能时代的教师素养标准。

---

① 中国新闻网.人工智能进课堂,智慧教育将带来哪些变化?[EB/OL].(2022-03-25)[2022-05-15].https://baijiahao.baidu.com/s?id=1728275431383646254&wfr=spider&for=pc.

二、政府提供培养人工智能时代教师素养的资金

政府的资金投入制约着人工智能的发展进程和速度。政府可以通过资金投入保障人工智能在教育领域的应用。政府应为教师提供提升其适应人工智能时代所需要的核心素养的资金保障。政府可以通过直接投资项目、激励计划等方式培养人工智能时代教师素养。

（一）世界各国加大对人工智能投入资金

欧盟对有史以来最大的支持研发和创新项目——“地平线欧洲”不断加大资金支持力度，总投资额达到955亿欧元，其中将人工智能列入资金支持范围。2021年4月，欧盟通过“数字欧洲计划”，对包括人工智能在内的项目进行投资，总额达到75.9亿欧元。2021年，美国对人工智能非国防预算增加约30%，总额达到15亿美元，并在《美国创新与竞争法案》中，将人工智能列为2022财年美国研发预算优先事项。英国启动国家人工智能研究与创新计划，据统计，2014年到2021年间对人工智能投资超过23亿英镑。[①]

（二）多种渠道加大人工智能项目投入

政府可以统筹利用中央预算内资金、专项建设基金、工业转型升级资金、国家重大科研计划等多种渠道，加大对人工智能项目的财政投入。另外，还可以完善天使投资、风险投资、创业投资基金及资本市场融资等多种融资渠道，引导社会多元投入。鼓励通过债券融资等方式支持企业发展，支持有条件的人工智能企业发行公司债券。[②] 通过政府投入的引导与社会企业投入的支持，共同为人工智能时代教师素养的培养提供资金支持。

① 中国信息通信研究院.人工智能白皮书(2022)[EB/OL].(2022-04-12)[2022-05-04]. http://www.caict.ac.cn/kxyj/qwfb/bps/202204/P020220412613255124271.pdf.

② 国家发展改革委，科技部，工业和信息化部，等.“互联网+”人工智能三年行动实施方案[EB/OL].(2016-05-25)[2022-05-13]. http://finance.people.com.cn/NMediaFile/2016/0525/MAIN201605251707000414641413574.pdf.

第二节　企业:产品适用性与伦理性

2018 年 4 月,教育部印发了《高等学校人工智能创新行动计划》,指出"支持高校、政府和企业共建一批人工智能领域协同创新中心、联合实验室等创新平台和新型研发机构,推动高校人工智能领域的基础性、原创性研究与地方、企业需求对接,加速地方转型升级和区域创新发展"[①]。企业通过发挥技术优势,与政府、高校等合作,推动适用于教育教学的人工智能产品研发。

一、开发适用于教师的人工智能产品

(一) 开发适用于教师的编程游戏

企业开发能够提升教师人工智能素养的产品,可以通过开发一些适用于教师的编程游戏,来激发教师学习的兴趣,降低教师学习人工智能知识、技能的难度。对游戏的设计需要注意以下几点:第一,游戏开发者应意识到游戏形式要尽量操作简单,这一点最为关键;第二,游戏内容需要对教师具有实用价值;第三,要考虑到教师对编程本身的兴趣。尤其是在新冠疫情的特殊时期,大量师生在家办公,编程游戏可以以远程教育的方式帮助教师提升人工智能素养。另外也可以应用 VR 技术,帮助教师在更真实的环境中提高人工智能素养。

(二) 打造促进教师发展的人工智能平台

腾讯研究院智慧产业研究中心主任吴朋阳表示,在人工智能教育实践过程中,腾讯坚持以国家相关标准作为指引,形成了 1、2、3 体系:1 个核心标准,把国家信息技术课标转化为人工智能的感悟、认知、体验、创造 4 个层次分层递进式的教学标准;2 个情景化平台,包括编程平台和实验平台,把人工智能课和德智体美劳五育课结合,打造基于人工智能的素质教育大学科;3 维多元

---

① 教育部. 教育部关于印发《高等学校人工智能创新行动计划》的通知[EB/OL]. (2018-04-02)[2022-05-13]. http://www.gov.cn/zhengce/zhengceku/2018-12/31/content_5443346.htm.

评价，包括课上、课后和校外，让评价能更综合地反映教学成效。“未来，腾讯将与学术研究机构紧密合作，与一线教育局、学校联手，以促进人工智能时代的学生全面发展作为目标，围绕教材、课程、师训、赛事活动等打造一站式的高质量中小学人工智能教育方案，使得学校有抓手，教师有能力，学生有成长。”[①]其他互联网企业，比如阿里巴巴，也推出了促进教师发展的人工智能教育平台。

二、推动可解释人工智能的发展

（一）探索可解释人工智能的实践路径

为了解决人工智能伦理问题，可解释人工智能成为各大主流科技公司研究的新兴领域，学术界与产业界等纷纷探索理解人工智能系统行为的方法和工具。目前，各主流科技公司对可解释人工智能的探索实践主要有两条路径：其一是建立“模型说明书”标准，促进算法模型本身的透明度和可理解；其二是打造可解释性工具，推动构建可解释的人工智能模型（XAI）。

其中，路径一旨在促进模型的透明度，增加相关主体对模型的理解和信任。譬如，谷歌的模型卡片机制（model cards），对模型的输入、输出、模型架构、性能、局限性等进行描述，旨在以简明、易懂的方式让人们看懂并理解算法的运作过程。微博也首次公开其热搜的算法规则。这些实践都是从受众的角度出发，增强用户对人工智能系统的理解与信任。腾讯也致力于推动人脸识别、医疗人工智能应用的可解释性，构建负责任、可信的人工智能算法应用。

路径二主要是可解释性工具、可解释模型方面的研究，从技术层面解决可解释性的问题。随着可信人工智能和人工智能监管日益得到重视，行业更加重视可解释人工智能研究，寻求解决人工智能的可解释性问题的技术方案。越来越多的可解释性工具被发布出来，可以对不同的统计机器学习模型和深度学习模型进行解释，包括一般的泛线性模型、集成学习模型、图像识别模型以及自然语言处理模型等。近年来，头部的人工智能公司，包括微软、谷歌等，更是推出了更加强大与丰富的可解释性工具（见表 5.1），囊括了诸多可

---

① 科技日报.《2022 年人工智能教育蓝皮书》：超半数受访校已开设或正在筹备人工智能教育教学活动[EB/OL].（2022-03-25）[2022-05-17]. http://www.stdaily.com/index/kejixinwen/202203/9c77d248f2f54015ac163124a39331d9.shtml.

诠释(interpretable)方法与可解释(explainable)方法,为实际面临的可解释性问题的解决提供了巨大的帮助。①

表 5.1 人工智能可解释工具

推出时间	可解释工具
2016 年	ELI5
2017 年	Skater,Explanation,Explorer,AllenNLP Interpret,TensorBoard
2019 年	AIX360,ACE,Captum
2020 年	Alibi,InterpretML,LIT

(二) 推动可解释人工智能的未来发展

为了解决人工智能伦理问题,需要推动可解释人工智能的发展。透明性、可解释性、公平性、安全考虑、人类与人工智能协作、责任框架,都是人工智能领域的基本问题。可解释性本身不是目的,而是实现其他目的(诸如公平、安全、隐私、网络安全等)的手段。在设计可解释性要求时,企业需要考虑可解释性要求和其他重要的伦理价值和目的之间的平衡。因此,企业需要打造可信、负责任的人工智能,确保科技向善。具体来说,在设计可解释性要求时,首先要考虑想要实现什么目标,其次要思考在特定情境下如何更好地匹配这些目标。

第三节 学校:职前培养与职后培训

根据《2022 年人工智能教育蓝皮书》的数据显示,目前受访大部分学校的硬件设备总体情况较好,但相关的软件系统还较为欠缺,尤其是缺乏人工智能专业师资。基于此,从学校方面来说,主要考虑从完善软件的角度,尤其是职前培养和职后培训的角度,来提出培养人工智能时代教师素养的策略。

① 腾讯人工智能实验室.腾讯发布国内首份可解释 AI 报告:详解打开算法黑箱的理念与实践[EB/OL].(2022-01-19)[2022-05-16]. https://ai.tencent.com/ailab/zh/news/detial?id=94.

一、开展职前教师人工智能相关培养

（一）以师范类高校为主阵地

作为培养教师的师范类院校，其对师范生的培养目标和课程设置，直接影响了准教师的人工智能知识水平和技能水平。通过对J师范学前教育专业师范生培养大纲进行解读，发现文本中并未明确表述重视学生的人工智能知识和技能培养。通过对J师范学前教育学院P班和D班的学生作业进行文本分析，可以发现J师范学前教育专业师范生对人工智能的态度较为理性，这有利于对其开展人工智能知识和技能培养。

P班小婷同学在其作业中提到，人工智能对师范生来说既是机遇也是挑战，师范生作为准教师要学会正确地使用人工智能，而非简单地抵制人工智能。

人工智能的发展对于师范生来说既是机遇又是挑战。大部分师范生未来的责任是教书育人，因此在我看来，我们对于人工智能的想法应该要更加严谨和理性，有时候我们的一句话就有可能会对学生产生巨大的影响。就目前而言，人工智能对教育的影响还是很大的，如教育方式、教育模式、教学环境等方面都改变了很多。如果我们能善用人工智能带给我们的便捷性，这将是一个大大的加分项，对于统筹分析学生学习情况、错题反馈等都可以起着极大的效果。当然，世界上所有的东西都存在两面性，人工智能也是存在弊端的。垃圾信息随时随地地侵犯着学生们的思想。我们害怕信息茧房，我们呼吁学生尽量少接触电子设备，但很明显这并不现实，作为师范生的我们能做的不是空口教导学生少玩，而是正确地使用人工智能，使其发挥最好的作用。对于人工智能时代的到来，我们绝无退缩的可能，只能迎面向上。（小婷，P班）

目前的师范生培养缺少相关的人工智能课程、实践活动等，大大影响了师范生的人工智能素养及人机协同素养。

P班小悦同学在其作业中提出，目前一些师范生的培养方法相对滞后，要把人工智能融入师范生的学习培养过程。

作为未来教师的主力军，师范生对人工智能及其教育应用的认知是起点。在新一轮的教育改革中，如何教学、怎么教学，甚至教师形象和肢体语言等，都要人工智能的技术支持和软件工具辅助。在网络化、信息化与传统教学方式交相呼应的背景下，人们对教师的教学技能提出了新的要求。教师需要更新教学观念，掌握现代技术和方法。然而，在步入人工智能时代之后，许多中小学教师的教育模式和教学方法都发生了改变，但是一些师范人才的培养方法相对滞后，显得不合时宜。总而言之，把人工智能融入我们师范生的学习培养过程，才能在未来成为一名优秀的教师！（小悦，P班）

以编程教育为例，现在的问题是学校缺少编程教育教师，但作为专业人才培养基地的高校，没有对编程教育进行专门培养的专业或学科。因此，十分缺乏正规的编程教育师资队伍，这极大地阻碍了编程教育在中国的发展。仅少部分学校将编程教育融入教学计划中，但大部分还是靠企业和培训机构在推动。

P班小游同学在其作业中提出，目前大学生群体的编程能力有限，且主要是理工科学生掌握。

人工智能时代将高度依赖计算机技术，这是一个基本事实。遗憾的是，现在的大学生群体中，能利用编程技术造福自己乃至惠及他人的人处于绝对少数，且这些人大多集中在理工科。这就提醒人文社科的大学生群体，及时学习将来可能被普及的一门语言，既是对时代潮流的回应，也是提高自身价值的手段。同时，人工智能的综合功能性也要求大学生多横向拓展，努力向高质量综合型人才发展。（小游，P班）

因此，对于职前师范生的培养，应在教育技术学专业（或计算机科学等相关专业）的培养方案中，加强编程语言、人工智能、机器人、编程教育、机器人教育、创客教育等相关内容。为了更好地适应未来的青少年编程教育，在职前师范生培养方案中，还可以增加中小学信息技术课程（以及编程教育课程）标准解读和现代教学设计理论的相关内容。此外，考虑到游戏化元素或机制是青少年喜爱的学习方式，也是当前国内外编程教育中经常采用的内容，在职前师范生培养中，既可以增加教育游戏设计的教学内容，也可以通过特定的教育游戏来学习相关课程的教学内容，从而让师范生们对游戏化教学设计有更多的体验和反思，这对其日后的教学实践具有重要的影响。① 综上，对师范生的培养方案设计应考虑到人工智能时代背景，在培养目标、培养方式、培养内容等方面融入人工智能时代特征。

---

① 孙丹，李艳. 国内外青少年编程教育的发展现状、研究热点及启示：兼论智能时代我国编程教育的实施策略[J]. 远程教育杂志，2019，37(3)：47－60.

（二）鼓励高校人工智能专业学生从教

中小学教师及幼儿园教师主要来自师范类高校的培养，也有一部分来自于综合类或其他类型学校。2017 年 7 月，国务院颁布了《新一代人工智能发展规划》，其中提出："鼓励高校……形成'人工智能＋X'复合专业培养新模式，重视人工智能与数学……学科专业教育的交叉融合。加强产学研合作，鼓励高校、科研院所与企业等机构合作开展人工智能学科建设。"[①]因此，各类高校都开始注重培养学生的人工智能素养。一方面，很多高校成立了人工智能学院，比如清华大学、北京大学、复旦大学、浙江大学、上海交通大学、中山大学、同济大学、天津大学、中国科学技术大学、哈尔滨工业大学、北京理工大学、吉林大学、南京大学、中国人民大学、北京师范大学、西安交通大学、南开大学等。另一方面，很多高校新增了人工智能专业，比如北京科技大学、北京交通大学、同济大学、东北大学、大连理工大学、上海交通大学等。对于人工智能专业或计算机科学相关专业的大学生，如果有对教师职业感兴趣的，可以鼓励其从事教师工作。

二、开展在职教师人工智能相关培训

罗斯曼(Grossman)等人[②]提出了"核心实践"(Core Practices)这一概念，强调"教师专业素养的培养旨在帮助教师发展专业知识、技能和专业认同，应该围绕一组核心实践重新组织课程"[③]。人工智能时代的教师素养需要教师有意义地参与真实人工智能教学环境中的社会实践才能获得。因此，学校应依据"核心实践"培养路径，将教师的专业素养与教学实践结合在一起，为教师提供一个体验和尝试复杂教学实践的机会，帮助教师做好应对真实教学情境的准备。人工智能时代教师素养的发展是一个不断迭代、提升的过程，学校需要为教师完成每个阶段的任务提供培训等各种支持。

---

① 国务院. 国务院关于印发新一代人工智能发展规划的通知[EB/OL]. (2017-07-20)[2022-05-13]. http://www.gov.cn/zhengce/content/2017-07/20/content_5211996.htm.

② Grossman P, Dean C G. Negotiating a common language and shared understanding about core practices: The case of discussion[J]. Teaching and Teacher Education, 2019, 80: 157-166.

③ Grossman P, Hammerness K, McDonald M. Redefining teaching, re-imagining teacher education[J]. Teachers and Teaching, 2009, 15(2): 273-289.

（一）充分发挥名师工作室培养人工智能师资的作用

名师工作室可以作为培养人工智能师资的孵化基地。名师工作室以名师为引领，以学科为纽带，以先进的教育思想为指导，由同一学科的骨干教师和青年教师共同组成，是集教学、科研、培训等职能于一体的教师合作共同体。名师工作室具有六个特征：跨界融合、重塑结构、尊重人性、开放生态、连接一切和创新驱动。[①] 因此，依托名师工作室探索推进人工智能教育的有效策略，可充分发挥名师的引领、示范、辐射和指导作用，实现资源共享、智慧生成和全员提升的目的。在名师的引领下，可培养出一批熟练掌握人工智能新技术的教师，为人工智能知识进学校、进课堂、进教案、进学生头脑奠定基础，有助于打造人工智能时代教师专业发展的实践共同体，促进人工智能时代教师的专业发展，有效解决人工智能师资短缺的问题。[②] 例如，“广州市王同聚名师工作室”以推进中小学人工智能教育为主题，依托广州市电化教育馆的“智创空间”创建了基于智能机器人的“物联网 · 人工智能体验中心”，为中小学师生营造了能够现场体验的人工智能实验场景，让参观和体验的师生通过语音交互、模式识别、体感互动等，感知人工智能在日常生活和教学中的具体应用。此外，王同聚编著的多本人工智能教材和人工智能师资培训教程，为人工智能名师工作室开展师资培训和课堂教学提供了培训教程，解决了人工智能师资培训教材短缺的难题。

（二）基于智慧教室开展人工智能教师培训

学校开展的人工智能教师培训可以基于智慧教室，通过线下空间和线上空间的融合打破人工智能教育的时空限制，创建基于物联网的人工智能展示应用场景。线上培训可以通过语音交互实现对智慧教室等人工智能应用场景设备的控制和人工智能教学案例演示。如实现智慧教室中的 LED 平板计算机、投影仪、机器人表演、无人机表演、3D 扫描设备控制、AR 交互实验、班级教学管理等多种智能语音交互控制功能。[③] 目前，无论在中小学还是在高校都建立了一些智慧教室，但很多学校利用率不高，学校教师发展中心等相关部门还应该对智慧教室多推广，多做使用说明的相关培训。

---

① 王永固，聂瑕，王会军，等.“互联网 +”名师工作室促进乡村教师专业发展：机制与策略[J].中国电化教育，2020(10)：106－114.

② 王同聚.面向人工智能教育的名师工作室教师培养策略[J].中小学数字化教学，2021(1)：17－20.

③ 王同聚.面向人工智能教育的名师工作室教师培养策略[J].中小学数字化教学，2021(1)：17－20.

（三）多方联合多种形式开展人工智能教师培训

对于人工智能师资的培训，尽管学校是主力，但毕竟也有其局限性。且在智能化发展尚不充分的条件下，单靠学校进行人工智能师资的培训很可能流于表层的知识灌输。因此，学校应联合教研院、电教馆、师培中心、高校和人工智能企业等，共同探索人工智能师资培训的有效路径，积极构建有效的多方合作模式。通过教师继续教育、专项培训、高校研修、企业实习等多种形式，培养一批具有过硬理论知识、具备实践操作技能、胜任人工智能教学的骨干教师，从而解决学校缺少人工智能教师的难题。

（四）开展人工智能师资培训要注重教师实践

教师培训要注重做中学、用中学、创中学，学校要关注教师的个体差异，增强培训的适应性。人工智能师资培训应以素养为导向，注重培养教师的人工智能思维。以培训教师设计生活中常见的密码程序为例，要让教师提出问题、分析问题、设计方案、编程调试、解决问题，让他们知道这里面有数据的输入、处理、输出，以及密码安全等级的场景问题等。在问题解决过程中，能将问题分解为可处理的子问题，了解反馈对系统优化的作用。通过这个过程，培养教师的编程思维。

（五）开展人工智能师资培训要关注人工智能伦理

为加强教师的人工智能伦理，学校应对教师进行人工智能伦理教育。其一，学校可以邀请校外人工智能伦理研究专家，通过开展线上或线下讲座的形式，让教师对人工智能伦理相关问题有基本的认识。其二，学校可以组织教师共同学习人工智能伦理相关在线课程。比如复旦大学开设的慕课课程“人工智能，语言与伦理”，授课老师是徐英瑾。其三，学校还可以组织座谈会，以“教育教学中的人工智能伦理问题”为主题，让教师参与讨论，互相交流，根据教学实践中存在的问题，共同寻找可能的解决方法，引发教师的思考。

第四节　教师:提升自我认知与能力

政府、企业、学校等为培养适应人工智能时代的教师素养采取了诸多措施。教师作为教育教学活动的重要主体,也应该重新审视其专业素养,以适应人工智能时代的发展。

面对“人工智能时代,还需要教师吗?”的问题,悲观派认为,在“学校消亡论”的背景下,传统意义上的教师已无存在的必要。乐观派认为,人工智能无论发展到何种地步,教师都不会束手就擒,而是会竭力维护自身地位。解决人工智能时代的教师角色困境需要多方力量的共同支持,其中,教师自身是促其走出角色困境的关键因素。

为了培养人工智能时代的教师素养,从教师自身角度来说,应该从观念上提升适应人工智能时代发展的认知,从实践上提升适应人工智能时代发展的能力。

D班小璇同学在其作业中提出,人工智能时代的教师要坦然地接受,并勇敢地面对时代变化。

人工智能时代的到来是不可避免的,教师最需要的就是摆正自己的心态,充分认识自己的价值,不可过分消极,自暴自弃。第一,要积极地发展自己不可被取代的优势与长处,敢于创新,突破自我。虽然人工智能在一定程度上能够取代师范生的部分职能,但始终无法完全取代,人类在感性思维、人性关怀上具有独特的作用。第二,要积极地利用当下人工智能的优势来辅助自己更好地开展教学工作,通过系统地分析,更加全面、智能地了解学生的个性化需求,提高自己的教学质量与水平。第三,要学会适应,在人工智能发展的新时代,要懂得如何协调分工好自己的教学内容,与智能机器共同和谐地生活在新时代。各自发挥所长,积极适应时代变化,寻求出路。第四,要坚持适度原则,不可过分地依赖于人工智能,而忘记人类仍然需要不断创新才能够培养人才。在社会安全的前提下,要积极地支持人工智能的发展,以促进社会的进步。(小璇,D班)

一、从观念上，提升适应人工智能时代的认知

教师要转变与更新教育教学观念，提升对人的认知及对人工智能认知，这是提升人工智能时代教师素养的基础。

（一）提升对人的认知

教师要提升对人的认知，尤其是对人的创新素养、研究素养、情感素养、审美素养、终身学习素养的认知。人工智能时代，教师应该践行终身学习理念。教育是为了建立个人与外在环境的平衡关系，但现代社会的发展日益加快，人们的观念和认识跟不上时代的发展，传统教育呈现出一种力不从心的样态，因此需要革新教育观念，建立新的教育模式。通过终身学习来促进人的全面自由发展，提倡个人的独立自省，从而对人的生命质量予以关怀。机器正在朝着提升其学习能力的方向发展，作为教师更应该具备终身学习素养，以面对未来的不确定性，尤其需要提升人类所特有的素养。正如对大学生的通识教育，教师也需要自我开展通识教育，提升对人的认知。可以通过以下途径开展通识教育：

1. 网络公开课

网络公开课提供了众多课程资源，可以为提升教师的人类特有素养提供学习资料，比如网易公开课、新浪公开课、中国大学 MOOC(慕课)、学堂在线、爱课程、腾讯课堂等。具体的课程见表 5.2。

表 5.2 网络公开课

课程名称	开课单位	授课教师	授课平台
“人类情感”	耶鲁大学	June Gruber	网易公开课
“审美的历程”	清华大学	帅松林	网易公开课
“中国审美文化史”	山东大学	陈炎、廖群、王小舒	网易公开课
“艺术学原理与美术鉴赏”	清华大学	杨琪	网易公开课

2. 经典著作

通过阅读哲学、历史学、社会学、心理学等方面的经典著作，完善教师的知识体系，提升教师的认知能力。

比如哲学经典：《存在与时间》(马丁・海德格尔)、《纯粹理性批判》(伊曼努尔・康德)、《理想国》(柏拉图)、《西方哲学史》(伯特兰・罗素)、《中国哲学

史》(冯友兰)、《西方的智慧》(伯特兰·罗素)、《悲剧的诞生》(尼采)、《作为意志和表象的世界》(叔本华)、《庄子》(庄子)、《传习录》(王阳明)、《道德经》(老子)、《论语》(孔子)、《确定性的寻求:关于知行关系的研究》(约翰·杜威)。

比如历史学经典:《大历史:虚无与万物之间》(大卫·克里斯蒂安等)、《历史研究》(汤因比)、《罗马帝国衰亡史》(爱德华·吉本)、《苏格兰:现代世界文明的起点》(阿瑟·赫尔曼)、《丝绸之路:一部全新的世界史》(彼得·弗兰科潘)、《火枪与账簿:早期经济全球化时代的中国与东亚世界》(李伯重)、《权力的艺术:托马斯·杰斐逊传》(乔恩·米查姆)、《枢纽:3000 年的中国》(施展)、《中国历代政治得失》(钱穆)。

比如社会学经典:《个体与国家》(赫伯特·斯宾塞)、《论文明社会史》(亚当·弗格森)、《论哲学术语》(滕尼斯)、《社会形态学》(莫里斯·哈布瓦赫)、《神话与意义》(克洛德·列维-施特劳斯)、《中国之家庭问题》(潘光旦)、《乡土中国》(费孝通)、《偏见的本质》(戈登·奥尔波特)、《与社会学同游》(彼得·L. 伯格)。

比如心理学经典:《心理学与生活》(理查德·格里格,菲利普·津巴多)、《爱的艺术》(艾·弗洛姆)、《拆掉思维里的墙》(古典)、《天才在左,疯子在右》(高铭)、《乌合之众》(古斯塔夫·勒庞)、《路西法效应》(菲利普·津巴多)、《拖延心理学》(简·博克,莱诺拉·袁)、《影响力》(罗伯特·西奥迪尼)、《内向者优势》(玛蒂·莱利)、《自卑与超越》(阿德勒)、《当尼采哭泣》(欧文·亚隆)、《怪诞行为学》(丹·艾瑞里)。

3. 艺术作品

通过赏析艺术作品,提升教师对美的认识。正如著名画家吴冠中的观点:"文盲不多,美盲很多"。审美品位的提升,需要教师经常去欣赏美,不断收集和整理美的东西,去认识、理解、感受美。积累高质量的作品,比如大师的作品、经典传承的作品、行业内顶尖的作品、比赛获奖的作品等等。从生活中积累美感,看到好的设计或产品就拍下来收集起来。不断感受美,加深对美的理解,保持敏感,不断提升自己的眼力。多欣赏一些艺术的门类,比如文学、绘画、电影、舞蹈、音乐、建筑、雕塑、戏剧等。多读、多听、多看,多接触各种艺术形式和艺术流派。这样才有可能辨别真伪优劣,培养出较高的艺术鉴赏能力。各种艺术形式之间都存在有机的联系,对各种艺术形式培养起一定的兴趣,会有助于艺术修养的提高。各种艺术流派之间也是有内在联系的,只有广泛通晓各种艺术流派,才可能有比较、有鉴别,才可能博采各家之精华，培养起高尚的艺术情趣。只有看了足够多美的东西，日积月累，才能培养出好的审美感觉。

（二）提升对人工智能的认知

教师可以通过以下途径提升对人工智能的认知：

1. 人工智能政策及研究报告

教师通过关注各国人工智能政策，可以从宏观上了解国家层面的政策导向。另外，教师还可以通过研读一些由政府、研究机构、高校、企业等发布的人工智能报告（部分见表5.3），来了解人工智能的技术发展、应用情况等，从而提升教师对人工智能的认知。

表5.3　人工智能报告

发布时间	名称	发布机构	主要内容
2020年2月	《人工智能白皮书：通往卓越和信任的欧洲路径》（*White Paper On Artificial Intelligence: A European Approach to Excellence and Trust*）	欧盟	旨在促进欧洲在人工智能领域的创新能力，推动道德和可信赖人工智能的发展。白皮书由政策框架和未来监管框架要素两部分组成。白皮书表示，欧洲需要大幅提高人工智能研究和创新领域的投资水平，目标是未来10年中，每年在欧盟吸引200亿欧元的人工智能技术研发和应用资金。还将通过顶尖大学和高等教育机构吸引最优秀的教授和科学家，并在人工智能领域提供世界领先的硕士课程
2022年2月	《K-12人工智能课程：政府认可的人工智能课程图谱》（*K－12 AI Curricula: A Mapping of Government-endorsed AI Curricula*）	联合国教科文组织	报告分析了现有的人工智能课程，特别关注了课程内容和学习成果，总结了开发机制、学习工具和环境准备、建议的教学法和教师培训，以期分析出关键因素，用以指导未来政策规划、国家课程或机构研究方案以及人工智能素养发展的实施战略

（续表）

发布时间	名称	发布机构	主要内容
2022年2月	《AI框架发展白皮书（2022年）》	中国信息通信研究院	报告指出AI框架演进已步入深化阶段；AI框架已形成较为完整的技术体系；AI框架是应对智能经济时代的技术利器；全球AI框架繁荣发展，多元化竞合态势渐显。应对未来多样化挑战，AI框架具有六大技术趋势：泛开发、全场景、超大规模、科学计算、安全可信、工程化
2022年3月	《2022年人工智能教育蓝皮书》	中国教育科学研究院、华东师范大学、腾讯	《蓝皮书》调查了人工智能教育发展现状和主要问题，并建议，可从以下几方面重点考虑：一是构建公平而有质量的人工智能教育生态系统；二是提高教师应用人工智能教育技术的能力；三是推动学校教育评价改革，完善学生评价机制
2022年4月	《人工智能白皮书（2022年）》	中国信息通信研究院	全面回顾了2021年以来全球人工智能在政策、技术、应用和治理等方面的最新动向，重点分析了人工智能所面临的新发展形势及其所处的新发展阶段
2022年4月	《百度人工智能专利白皮书2022》	百度	白皮书显示，截至2022年4月，百度全球人工智能专利申请超过2.2万件，其中，中国专利申请量超过1.6万件，中国授权专利超过4 600件。4月15日，国家知识产权局公示第二十三届中国专利奖评审结果，百度5件专利获中国专利优秀奖预获奖

2. 高校人工智能研究院所官网

高校作为人工智能科研重镇，是人工智能研究成果的主要来源。关注高校网站，尤其是计算机科学、人工智能专业排名靠前的高校，可以为教师提供最新的人工智能研究成果和发展动态。

2022 U. S. News 全美研究生院排名于 2022 年 3 月 29 日正式发布[①]。最佳计算机科学研究生院排名中，前 5 名分别是：第 1 名麻省理工学院(MIT)、并列第 2 的卡内基梅隆大学(CMU)、斯坦福大学(SU)和加利福尼亚大学伯克利分校(UCB)，以及第 5 名的伊利诺伊大学厄巴纳—香槟分校(UIUC)。在人工智能专业上，排名第 1 的是卡内基梅隆大学(CMU)。第 2 名到第 5 名依次是：麻省理工学院(第 2)，斯坦福大学(第 3)，加利福尼亚大学伯克利分校(第 4)，康奈尔大学(第 5)，佐治亚理工学院(第 5)，华盛顿大学(第 5)。

2022 QS 世界大学学科排名于 2022 年 4 月 6 日发布[②]，在最新发布的计算机科学排名中，麻省理工学院、斯坦福大学、卡内基梅隆大学排前 3，中国大学未能进入前 10，清华大学位列第 15 位、北京大学位列第 24 位。进入前 100 名的国内大学还包括：上海交通大学(第 52)、台湾大学(第 61)、复旦大学(第 71)、浙江大学(第 72)、香港城市大学(第 74)、中国科学技术大学(第 86)、香港理工大学(第 92)。

综上，可以多关注麻省理工学院、卡内基梅隆大学、斯坦福大学、加利福尼亚大学伯克利分校、伊利诺伊大学厄巴纳—香槟分校、康奈尔大学、佐治亚理工学院、华盛顿大学、清华大学、北京大学等学校的官网，尤其是其人工智能学院、人工智能研究院或人工智能实验室网站。

3. 科技企业人工智能实验室官网

科技企业对人工智能产品的研发、制造和推广起着重要作用。可以通过关注科技企业巨头官方网站来获取人工智能相关产品和应用，比如腾讯、百度、阿里巴巴、科大讯飞、谷歌、微软、IBM、Facebook 等。这些科技企业还成立了人工智能实验室，并推出了各种人工智能产品(见表 5.4)，可以让教师了解最新的人工智能产品情况。

---

① U. S. News. Best Computer Science Schools[EB/OL]. (2022-03-29)[2022-05-17]. https://www. usnews. com/best-graduate-schools/top-science-schools/computer-science-rankings.

② QS. 2022 年 QS 世界大学学科排名：计算机科学与信息系统 2022[EB/OL]. (2022-04-06)[2022-05-17]. https://www. qschina. cn/university-rankings/university-subject-rankings/2022/computer-science-information-systems.

表 5.4　科技企业人工智能实验室及产品

科技公司	人工智能实验室/产品	官网网址
阿里巴巴	阿里云	https://ailab.aliyun.com
亚马逊	AWS	https://aws.amazon.com/cn/? nc2=h_lg
IBM	Watson	https://www.ibm.com/cn-zh/cloud/watson-studio
微软	Azure	https://azure.microsoft.com/zh-cn/
谷歌	DeepMind	https://www.deepmind.com
腾讯	腾讯人工智能实验室	https://ai.tencent.com/ailab/zh/index
科大讯飞	讯飞教育云	https://www.jyyun.com
百度	百度大脑	https://ai.baidu.com

4. 人工智能会议

2023 世界人工智能大会于 2023 年 7 月 6 日至 7 月 8 日在上海举办，主题是“智联世界　生成未来”，聚焦通用人工智能发展，共话产业新未来。

国际人工智能与教育会议，由中华人民共和国教育部、中国联合国教科文组织全国委员会与联合国教科文组织共同主办，已于 2019 年 5 月、2020 年 12 月、2021 年 12 月、2022 年 12 月举办了四届。2019 年的会议主题是“规划人工智能时代的教育：引领与跨越”，会议探讨了人工智能时代的能力素养要求与教育体系构建，通过直观生动的形式向世界介绍我国人工智能技术在教育领域的应用情况。2020 年的会议主题是“培养新能力 迎接智能时代”，会议分享了界定人工智能核心素养方面的政策和实践，并合作规划面向所有人培养人工智能核心素养所需的策略。2021 年的会议主题是“确保人工智能服务共同利益 促进教育变革”，会议围绕人工智能在教育领域的全球治理和国家政策，通过人工智能推动实现 2030 年教育目标，挖掘数据以加强教育管理和学习评估，引导人工智能创新促进教育的包容性、公平性及性别平等，通过建立伙伴关系促进人工智能在非洲的应用等议题进行研讨。2022 年的会议主题是“引导人工智能赋能教师引领教学智能升级”，会议围绕教育数字化战略行动，提出要进一步推动人工智能与教育深度融合、创新发展。

2021 年，全球人工智能与教育大数据大会于 2021 年 12 月 16 日在北京举行，会议主题为“AI＋教育　共创共生”。会议为进一步推动人工智能、大数据与教育深度融合创新发展，搭建了一个高端、开放的学术交流平台。

另外，还有世界互联网大会、世界机器人博览会等会议，会议上会发布多项研究成果。

二、从实践上，提升适应人工智能时代的能力

人工智能时代，教师应该在教育教学过程中提升人类特有的综合能力。另外，教师还应该在课堂教学实践中应用人工智能，提升人工智能应用能力。

P班小涵同学在其作业中提出，人工智能时代的教师要利用人工智能提升课堂教学效率，教师自身也要提升个人核心素养，关注学生思维能力的培养。

首先，我们要正视人工智能，人工智能于教育课堂而言能起到非常大的协助作用，我们要学会利用它并且用好它来提升课堂、课后学习效率，也让人工智能激发学生更大的学习兴趣。其次，作为师范生，面对人工智能的越来越完善，我们要更加重视核心素养的培养，提高教学创新性，提供学生个性化、多样化的教学模式，关注好学生思维方式上的培养。我们要努力成为学生成长的激发者和未来发展的预见者。（小涵，P班）

（一）提升人类特有综合能力

人工智能时代，教师应该将创新融入教育教学过程，注重研究与反思，与学生增加情感交流，用审美眼光看待教育教学活动，养成终身学习的习惯等，从而提升人类特有综合能力。

P班小颖同学在其作业中提出，人工智能时代的教师会成为学生创造活动的激发者和引领者，担当学生心灵情感的交流者，担任培养学生能用恰当逻辑思考的角色。

首先，随着人工智能技术的广泛应用，教师重复性的劳动如批阅工作大大减少了，因此教师指导学生创造性的活动便增加了。教师会担当学生创造活动的激发者和引领者。另外，人工智能毕竟是人类生活学习的辅助，它是没有情感的，人工智能教会学生的可以是知识或者技能方法，但绝对不会是情感，所以教师是不可或缺的。教师会担当学生心灵情感的交流者。再者，人工智能是代码、数据等智能结合的产物，它的“思考”只是大数据、搜索引擎的堆积，它具有几乎完美的分析能力，却没有思考能力，因此教师还必须担任培养学生能用恰当逻辑思考的角色。（小颖，P班）

1. 将创新融入教育教学过程

人工智能时代，教师要将创新融入教育教学过程，提升个人的创新素

养。有学者提出，创新素养是人类区别于人工智能的重要特质，人工智能本身也是人类的创新产物。因此，教师在教育教学过程中要将创新思维融入其中，不断创新教育内容、教育方式、教育手段等，更好地促进学生的成长。

另外，人工智能时代教师应该注重学生创造力的培养。在可预见的未来，机器将取代人类从事标准化重复性的工作，许多岗位甚至行业将会消失。项贤明认为“人类具有很强的学习能力，但人工智能时代，人类可以把记忆、计算，甚至部分智慧工作交给机器，教育应该发挥人类所长，未来的教育可能是一种‘人性为王’的教育，教育的两大中心任务是培养人的道德和创造能力”①。这要求教师不能再拘泥于过去传统重视知识传授的教学模式，而应顺应时代发展提出新的重视学生创造力和理解力的教学模式。人工智能是自动化的感知、学习和思考的系统，它的优势在于对知识的存储、传播、执行和检索，而教师的优势则在于培养学生的理解力、创造力和想象力。人工智能在教育实践中的重要意义在于替代教师的低价值重复性劳动，如此教师则有精力创新教学模式，关注学生创新能力的培养。正如罗杰斯的观点：“老师们不能再拘泥于过去已有的教学模式，技术时代要求他们面向未来并创造出新的教学模式。”②美国人工智能及教育专家米奇·罗森伯格(Mitch Rosenberg)认为，“教师的任务应该是培养学生掌握控制技术的能力，而不是反过来被技术所控制的能力，教师并不会被人工智能所取代，被取代的只是传统的教育方式”③。人工智能在破坏知识和创造知识方面仍无法取代人类，因此，未来应该注重研究型人才培养，这就需要培养学生的创新性思维。正如STEM(Science，Technology，Engineering，Mathematics，科学、技术、工程、数学)教育采用跨学科的教育模式，打破学科之间的界限，重视在实践中培养学生的创造力。

P班小芮同学在其作业中提出，人工智能时代的教师应该提高创新素养。

人工智能是按照人类设定好的程序进行工作的，其思维只能在人类现有知识中应用，永远无法突破人类现有的理解认知。因而，教师应着力提高创新素养以培养学生的创造力。(小芮，P班)

---

① 项贤明. 人工智能与未来教育的任务[J]. 华东师范大学学报(教育科学版)，2017(5)：23.

② Rogers P L. Designing Instruction for Technology-Enhanced Learning[M]. Hershey：Idea Group Publishing，2002：71.

③ 米奇·罗森伯格. 教给孩子控制科技的能力，而不是被科技所控制[EB/OL]. (2017-05-26)[2019-05-20]. http://www.sohu.com/a/143796268_112404.

P班小阳同学在其作业中提到，人工智能时代的教师要增强创新能力。

人工智能时代，教师要增强教学创新能力，形成幽默有趣、风格独特的教学模式。教师的创新能力的高低直接影响着培养学生的创新能力的强弱。如果教师仅拘泥于“一支粉笔，一本旧书”的旧教学模式，则会大大降低课堂的教学效果，也会扼杀学生的创新思维和能力。因此教师在掌握学科知识和常规的教学方法、手段的基础上，还要掌握与学科有关的知识及现代的教学方法和手段，真正做到“常教常新”。（小阳，P班）

2. 研究与反思教育教学过程

人工智能时代，教师要研究与反思教育教学过程，提升个人的研究与反思能力。研究能力的提升不仅需要树立正确的研究意识，还要积累充足的研究知识，然后在实践过程中开展研究活动，锻炼研究能力。善于发现教育教学活动中可值得研究的问题是开展研究活动的起点。

P班小淳同学在其作业中提出，人工智能时代的教师要不断反思教育教学活动，主动发现问题。

人工智能时代，教师要不断反思教育教学活动。教师要主动在教育教学实践中发现问题、思考问题、研究问题等，不断反思教育研究。（小淳，P班）

D班小舒同学在其作业中提出，面对人工智能时代的到来，师范生应该由原来的“学习型”学生观向“学习研究型”学生观转变。另外，还要提高心理承受力。

作为一名师范生，我们面对人工智能时代的到来，应该由原来的“学习型”学生观向“学习研究型”学生观转变，在研究中学习，更好地把科学融入平凡的生活，不仅可以巩固基础知识，还可以灵活地运用知识去解决实际问题，还可以提高我们的整体素质。另外，还要提高自己的心理承受能力，人工智能的外壳是冰冷的，但是我们的内心是火热的，将来面对不同的学生，处理各种不同的问题，这就需要我们具备一定的心理知识，增强心理承受能力，尊重理解激励学生，树立前进的信心，这些都要靠我们在大学学习过程中主动汲取了解，并在实践中尝试运用，为今后的工作打下深厚基础。（小舒，D班）

3. 增加与学生的情感交流

人工智能时代，教师应关注师生对话与情感交流。[1] 教育的本质不仅仅是获取知识和习得技能，更重要的是培养学生的世界观、价值观、人生观，这

---

① 胡伟．人工智能时代的教育改革：背景、方向与路径[J]．现代教育技术，2019(7)：12－17．

些都离不开教师的精心培育。叶澜认为,“虽然伴随现代技术的加速发展,计算机等技术手段取代了教师的部分工作,然而,学校教育的本质并没有发生变化,教育是富有人性的活动,教师与学生之间的关系应该是一种我与你的关系,是人与人之间的互动关系,重在对话与沟通,这是机器所不能取代的”①。师生之间这种我与你的关系,是建立在情感交流的前提之下的。“过于关注教育的技术手段,将教育作为一种技能性的学习,导致了教育的教化作用被忽视。”②正如中国科学院院士褚君浩的观点,“智能化将会是新工业革命的核心,智慧地球的建设离不开智慧教育,智慧教育离不开智慧校园的建设等,这些都是大势所趋,但人的精神情感是机器不能替代的,所以教师需要注重对学生的情感教育”③。另外,人工智能作为一种潜力巨大的科学技术,将改变人类未来的学习方式。伴随人工智能时代的到来,人工智能的广泛应用要求教育应该加强对人的全面发展的关注,注重对学生的艺术教育,注重采用体验及互动方式的学习。如果教师只会传授知识,而教学过程是冰冷的,那么,无论教师如何煞费苦心提高教学效率,也无法与人工智能的强大运算能力相媲美;如果教师的教学过程是关注到孩子生命成长的、触动孩子心灵深处的、丰富孩子情感世界的,那么就是一种有温度的教育,人工智能是无法取代这样的教师的。④ 进一步来说,未来教育应该是一种“人机共生”⑤的教育,人工智能与教师之间应该是一种互相补充的关系,教师发挥人类情感优势,而机器发挥其计算能力,共同作用完成对学生的培养,实现学生个体生命的丰盈。⑥ 如此,才能最大程度地发挥教师的角色优势。

因此,在未来教育中,人工智能与教师之间应是一种互相补充的关系:利用人工智能,教师及时掌握学生的情绪、行为、学习效果等信息,从而更好地进行师生对话和情感交流;教师对学生相关信息的需求,又促使人工智能的相关功能进一步完善。

P班小芮同学在其作业中提出,人工智能时代的教师应具备情感素养。

---

① 叶澜.新世纪教师专业素养初探[J].教育研究与实验,1998(1):45.

② Guilherme A. AI and Education: the Importance of Teacher and Student Relations[J]. AI and Society,2019,34(1):48.

③ 褚君浩.迎接智能时代[J].华东师范大学学报(教育科学版),2017(4):23.

④ 新华社.人工智能,如何能让教育变得更好?[EB/OL].(2017-09-28)[2019-05-20]. http://it.southcn.com/9/2017-09/28/content_177850643.htm.

⑤ 胡伟.美国教育如何实现人机共存[N].中国教育报,2019-03-01(5).

⑥ 胡伟.“人工智能+”时代呼唤教育改革[N].中国社会科学报,2019-01-24(6).

人工智能时代，情感是使人类区别于智能机器的一个关键特征。人工智能是科学的成果，科学是人类理性的成果。我想，在有了人工智能协助教学之后，教师将不着重于承担教学任务，而着重于包括情感在内的非理性方面。非理性方面极具个人的独特性。这有助于学生的性格完善，因而，我认为，老师应提高情感素养。（小芮，P班）

P班小游同学在其作业中提出，人工智能时代的师范生应增强同理心，增强对周围人的人文关怀。

一般认为人工智能很难取代心理和教育方面的从业者，其中理由往往有人工智能无法做到像人类一样真正理解感情。尽管人类的感情也是大脑发出的信号，但人类是自发在与同类的交流中完善感情，人工智能则是被迫模仿人类的感情，没有制造者的命令便与普通的机器无异。因此人类的感情是独一无二的，人工智能与人类的交互注定无法替代人类之间的相互交流。师范生要保持感性，增强同理心，以高度的人文关怀与身边的人相处。（小游，P班）

P班小楠同学在其作业中提出，教师应有仁爱之心，关心学生的身心健康，促进学生的全面发展。

教师应该有仁爱之心。好教师对学生的教育和引导应该是充满爱心和信任的，要用爱培育爱、激发爱、传播爱，把自己的温暖和情感倾注到每一个学生身上，用欣赏增强学生的信心，用信任树立学生的信心，让每个学生都健康成长。教师教育学生不是看重他们的成绩，而是要关心他们的身心健康，让学生在良好的学习环境中养成良好的学习习惯，掌握必要的生活与学习技能，未来成为能够独当一面的新青年。（小楠，P班）

P班小瑶同学在其作业中提出，相对冷冰冰的人工智能，教师是有温度有情感的，可以与学生进行感性交流，比如培养学生的兴趣等。

对于学生来说，人本身是一个感官性动物，在日常生活中需要情感的支配，老师的一些呵斥和训诫在学生的学习生活中会产生很明显的作用，而这是冷冰冰的人工智能做不到的。老师是具有温度和亲密感的，可以很好地培养学生的兴趣，兴趣是最好的老师，在兴趣的驱使下很多东西都是可以被学会的，而如何激发这种兴趣，其实是一个非常难的问题，而具有更多实战经验的老师，更能胜任这个角色。（小瑶，P班）

D班小孙同学在其作业中提出，人工智能时代，教师应成为孩子的引导者，成为孩子的情感向导。

人工智能时代，教师应该是孩子人生的引导者，是带领孩子们感受人间美好的领航者。我们也许在对孩子智力的培养上无法胜过人工智能，但教育的目的是使孩子成为有情感的能力者。教师应该是孩子情感的向导，教会他们是非对错、人情百态，使他们并非空有一肚子知识而缺少与人相处的正确方法。先成人，方能成才。（小孙，D班）

4. 用审美眼光看待教与学

人工智能时代，教师要用审美眼光看待教育教学活动，提升个人的审美能力。审美能力是一个人认识、感受、鉴赏、评价美的能力，它指的是对美的领悟能力和鉴赏能力。审美能力和个人的成长环境、教育背景、以往的阅历有关。有学者指出，教学是一门艺术。审美素养的提升需要教师树立正确的世界观。而在教育教学活动中，在学科教学过程中，教师要会鉴赏文学作品，欣赏数学、物理、化学、生物等科学之美。将仅仅是传授知识的教学，转变为对学科背后的美的鉴赏与感受。将每位学生都看作一个独立的个体，一个具有美学意义的个体，发掘并欣赏学生的差异性及其天赋。

P班小然同学在其作业中提出，人工智能时代，教师要培养审美素养。

机器只会去机械地工作，没有一个机器会将办公室装饰一下，也没有机器会与另外一个机器对话。我们要做的就是去与他人沟通，将环境弄得舒适，把人性优雅与美丽的能力挖掘出来。人工智能并不具备人类的沟通能力，但是沟通又是教育过程中所必不可少的，我们要提升这种素养，提升人类教师的不可替代性。（小然，P班）

5. 养成终身学习的习惯

人工智能时代，教师要树立终身学习的意识，养成终身学习的习惯，掌握学习知识、提升个人的终身学习能力。所谓"活到老，学到老"，在技术日新月异的时代，终身学习不再是口号，而应落到实处。

P班小芮同学、D班小欣同学在其作业中提出，人工智能时代，教师应具备学习素养，尤其是主动学习的素养。

有道是学到老活到老，老师们不能因为人工智能强大的记忆能力而放弃自我提升，作为一名教师，应与时俱进，不能只局限于书本，而应该面向自然，教会孩子从实践中寻找答案。（小芮，P班）

在人工智能时代，教师需要学习许多新的技能，正确使用人工智能，发挥自己的教学经验，更好地教导学生学习，更好地利用人工智能，物尽其用。了解这项技术，熟练运用。（小欣，D班）

P班小瑞同学、P班小淳同学在其作业中提出，人工智能时代，教师不应完全依赖于人工智能，而应不断学习。

人工智能为教师教学提供了便利，但教师依然要不断丰富自我的知识，这同样也需要教师不过于依赖人工智能。人工智能作为一个辅助，那它就必然处于一个次要的地位，而处于主要地位的教师们，应不断地丰富自我，而丰富自我的直接途径就是学习。学习丰富的是自己，而人工智能的知识储备固然强大，但始终不是属于自己的知识，所以教师也应具备学习性。（小瑞，P班）

人工智能时代，教师要成为不断发展的学习者。当代社会是一个知识型社会，更是一个学习型社会。教师需要不断发展，同样需要不断学习。（小淳，P班）

（二）提升人工智能应用能力

教师应在课前、课中、课后充分应用人工智能产品服务于教育教学活动，并对教育教学实践进行反思。顾小清认为，“人工智能可以从五个维度为教师增能：教、学、管、评、决。教的维度，因材施教（超越样板式的填鸭教学，为每个学生铺设大道）；学的维度，有的放矢（从学习所有知识中解放，专攻薄弱知识环节）；管的维度，全周期监管（延伸节点式管理模式，实行教学全周期管理）；评的维度，过程性评估（摆脱经验式的评价，开展过程性评价）；决的维度，数据支持（摒弃过往经验判断，用数据支撑教育决策）”①。

P班小怡同学在其作业中指出，人工智能等技术发展对教师提出了要求，作为师范生应该尝试运用人工智能工具辅助教学。

教师主动适应信息化、人工智能等新技术变革，积极有效开展教育教学，是全面深化新时代教师队伍建设改革的明确要求。随着以人工智能、大数据为代表的技术越来越多地融入各级各类教育场景，师范生如何主动适应新技术，提升教与学的创新能力，成为社会对师范生能力的新诉求。师范生作为准教师，要明确社会对这一身份的期待。我们应该了解到，教育辅助技术正在越来越多地应用到教育教学过程中：教师展示工具从最初的黑板到辅助使用幻灯片、投影、多媒体交互屏；从一开始学生手头只有一本课本到出现手刻蜡版印刷、复印、电子书；从最早的人工阅卷到辅助使用答题卡、网上阅卷、人工智能阅卷；从手写出题、剪贴出题到 word 编辑排版、智能组卷。现在随着微课、慕课的出现，教育已经打破了原来的时间和地域的界限，人工智能也一

① 顾小清. AIED：分享 ECNU 的研究[EB/OL].（2020-07-13）[2022-05-08]. https://mp.weixin.qq.com/s/Ly5wDxNRePUIrxMkxms7DA.

定会越来越多地应用于教学领域。作为准教师的我们也要与时俱进,在学习教师基本功的前提下,尝试运用更高效智能的手段辅助教学,以达到更好的教学效果。(小怡,P班)

从教学实践活动来说,按照教学活动的时间维度,教师应在课前、课中、课后应用人工智能辅助教学。

1. 课前

在备课环节,教师需要根据具体的教学内容,将人工智能产品应用于教学。这些人工智能产品不限于学校购买的产品,也可以是企业推出的免费产品,或是与企业合作的产品。比如,讯飞教育云、阿里云等云端产品,教师可以将教学内容中的基本知识点传送至云端,以供学生根据个人能力和水平下载学习。另外,对于英语课,教师还可以借助智能语言导师如 Auto Tutor 让学生提前预习,这一人工智能产品可以辅导学生自学多种语言,通过模拟对话场景等,让学生感受到沉浸式语言学习。学生可以通过智能语言导师,在课前对学习内容进行预习。

2. 课中

在上课环节,教师可以借助人工智能教师助理进行教学。在智能教室,可以通过体态与语音识别技术,对教师的教态与教学模式进行自动分析,还可以通过情感计算与机器学习技术,对学生群体与个体的学习行为、情绪、专注度等进行自动分析。将数据反馈给教师,从而有助于教师随时了解学生的课堂学习情况。当然,智能教室和人工智能教师助理不局限于传统学校内的物理空间,在线上学习空间中也可以构建相似的智能教学环境以及虚拟的人工智能教师助理。比如网龙华渔教育研发的"未来教师"机器人,可以进行朗读课文、点名、监考、收发试卷等课堂辅助性和重复性工作,还可以帮助教师收集、整理资料,辅助教师进行备课和科研活动。

P班小洁同学在其作业中指出,智能教师助理可以帮助教师做一些重复性、规则性的工作。

智能教师助理将替代教师日常工作中重复的、单调的、规则的工作,缓解教师各项工作的压力,成为教师的贴心助理。人工智能技术还可以增强教师的能力,使得教师能够处理以前无法处理的复杂事项,为学生提供以前无法提供的个性化、精准的支持,传授知识效率大幅度提升,有更多的时间与精力来关注每个学生的身心全面发展。(小洁,P班)

P班小鹏同学在其作业中提出,人工智能可以配合教师教学,尤其是一些有危险的实验,可以运用人工智能模拟实验。

人工智能课堂助手,配合老师进行教学,在一些危险项目的实验中,用人工智能模拟实验,可以避免因实验失误造成的伤害。同时在教育教学中给予老师一些更好的更合理的建议,从而提高课堂学习的效率。(小鹏,P班)

3. 课后

在课后环节,教师可以借助虚拟的人工智能教师助理对学生课后的问题和疑惑进行有针对性的辅导与回答。另外,针对教学内容,人工智能教师助理还能自动出题,并对学生的考卷进行批阅,对教师的教学活动予以评价,帮助教师提升教育教学水平。比如课堂助手"希沃"可以自动识别手写单词,自动批改并显示作文分数,对语法以及单词错误进行批注。

P班小怡同学在其作业中指出,智能教师助理可以帮助教师来分析学生的知识点盲区,提升教学效果。

人工智能错题分析。人工智能能在考后根据大数据来分析学生知识薄弱点。学生以前单是刷题,常常不会总结与分类,导致学习没有针对性并且效率低下。典型的比如"题海战术",有题就做,不考虑自己对于这个知识点的掌握程度,对了解与不了解的知识点下同样的力度。然而,人工智能可以凭借机器特有的冷静与编程智慧,筛选出学生的薄弱点,加以巩固,使学习效率有质的提升。同时这种人工智能的大数据云分享模式,还能够辅助老师找到学生们共同的知识盲区,让老师可以对症治疗,有效提高教学效率。(小怡,P班)

结语

对新事物或新观念，不要身先士卒，
太过勇于尝试，但也不要做最后
一个抛弃陈腐观念的人。
——亚历山大 · 波普《批评论》

第一节 回 望

回望本研究，围绕人工智能时代的教师素养进行了一些探讨，得出了几个不成熟的研究结论。当然，在研究过程中，也有种种不足与遗憾。

一、研究结论

本研究核心章节共五章，分别是第一章、第二章、第三章、第四章、第五章，讨论了技术与人的关系、人工智能时代教师的角色困境与定位、人工智能时代教师素养的构成、人工智能时代教师素养的影响因素、人工智能时代教师素养的培养策略。

（一）技术与人的关系

第一章从技术成为“人的延伸”，技术导致“人的异化”，技术理性及技术合理性三个视角，分析了技术与人的关系。

第一，技术作为“人的延伸”的观点，是认为技术是一种工具的观点，这种工具是为了达成人的某些目的。正如“人们通常的观点，是将技术作为一种工具,关于技术的活动则是制作工具的过程,人类对工具的制造与使用也被认为是人区别于动物的重要特征”[①]。从这层意义上来说,技术与人的关系是“器”与“道”的关系。

第二,学者们或从历史的维度,或从社会的维度,或从政治的维度,或从文化的维度等视角展开对技术使人异化的问题进行了研究。其中,马克思立足于现实历史性维度,对技术与人的关系问题、技术与社会的关系问题、技术导致人的异化的问题等方面都进行了深刻的洞察。

第三,从技术理性的视角反思技术对教育的影响,为本研究提供了一个新的看问题的方式,也为教师对技术所持态度以及应持态度提供了一种解释,从而可以为我们提供一种分析技术时代技术对教育影响背后的理性因素。反思技术对教育影响的理性因素,通过分析技术理性的实质,并对技术理性进行批判,从而进一步分析技术合理性的形成。

(二) 人工智能时代教师的角色困境与定位

第二章分析了人工智能时代教师的角色困境与定位。

第一,人工智能时代,如何理解并定位教师角色,是探究和解决教育教学问题的前提。作为从事学校教育教学工作的主体,教师应该思考人工智能时代对其提出了哪些挑战,又为其带来了哪些机遇。随着人工智能在教育领域的应用,教师陷入了角色困境,主要表现在四个方面:首先,人的主体地位被技术所取代;其次,教师的“教书匠”角色被高效的人工智能取代;再次,教师的“因材施教”角色被精准的人工智能实现;最后,教师对人工智能技术存在适应困境。

第二,人工智能时代,教师应明确自身角色定位,与机器共存与协作。首先,技术与人之间是“器”与“道”的关系;其次,人工智能与教师之间是“助手”与“师傅”的关系;最后,人工智能时代教师应该培养学生的素养与思维技能。

(三) 人工智能时代教师素养的构成

第三章从走向机器、走向人、走向人机协同三个价值取向的视角,分析了人工智能时代教师素养的构成。

第一,走向机器的教师素养:人工智能素养。依据布鲁姆提出的教育目标可分为认知领域、情感领域和动作技能领域三大领域的观点,本研究提出

---

① 李庆臻.简明自然辩证法词典[M].济南:山东人民出版社,1986:7.

教师人工智能素养主要包括人工智能知识、人工智能技能、人工智能态度与伦理三个方面，进一步提出了教师人工智能素养的3个一级构成要素和11个二级构成要素。人工智能知识包括：人工智能事实知识、人工智能原理知识、人工智能技能知识、人工智能知识获取途径知识。人工智能技能包括识别人工智能的技能、分析人工智能的技能、应用人工智能的技能、创造人工智能的技能。人工智能态度与伦理包括有志趣地使用人工智能、合道德地使用人工智能、负责任地使用人工智能。

第二，走向人的教师素养：人类特有素养。本研究所涉及的人类特有素养包括创新素养、研究素养、情感素养、审美素养、终身学习素养。其中，创新素养的构成要素主要包括创新的知识结构、创新的认知能力、创新意识、创新思维及创新的人格特征。研究素养的构成要素包括研究意识、研究知识及研究能力。情感素养包括对学生的同理心、与学生沟通交流及对学生生命意义的关怀。审美素养包括审美意识、审美知识及审美能力。终身学习素养包括终身学习意识、终身学习知识及终身学习能力。

第三，走向人机协同的教师素养：人机协同素养。基于智能融合的观点，人工智能时代的教师素养不仅要关注走向人工智能和走向人的教师素养，还要关注走向人机协同的教师素养。基于学习结果分类理论，人机协同素养主要包括人机协同意识、人机协同能力、人机协同思维、人机协同态度。教师应该意识到人类的优势、人工智能的优势以及人机协同的优势，在人机协同过程中起到主导作用，做到与人工智能优势互补，并能够主动与人工智能进行协作。

（四）人工智能时代教师素养的影响因素

第四章从技术、政府、企业、学校、教师五方面分析了人工智能时代教师素养的影响因素。

第一，人工智能自身是不断发展进步的，所以对应的教师人工智能素养、人机协同素养也需要更新。在移动互联网、大数据、超级计算、物联网、脑科学等新理论新技术以及经济社会发展强烈需求的共同驱动下，人工智能呈现出深度学习、跨界融合、人机协同等新特征，这对教师素养提出了新要求。随着技术的持续迭代，人工智能应用不断优化。技术创新、工程实践和可信安全成为人工智能发展的新坐标，三者相互交织、相互作用。

第二，随着人工智能的不断发展，世界各国将人工智能作为提升国家竞争力的重要战略。一方面，各国政府部门出台了一系列人工智能相关政策。

另一方面，我国政府推动了“人工智能＋教育”项目。一方面，政府开展了首批人工智能助推教师队伍建设行动试点；另一方面，政府启动了第二批人工智能助推教师队伍建设行动试点。

第三，各大科技巨头纷纷成立了人工智能实验室，推出人工智能产品，推动人工智能研发与产品应用。一方面，企业成立人工智能实验室推动人工智能研发，从人工智能的基础层提升技术水平。另一方面，企业开发人工智能产品推动人工智能应用。以腾讯为例，其开发了一系列人工智能产品，尤其是针对学校教育的人工智能教育产品，并在学校中推广使用。

第四，人工智能时代，学校是教师素养形成和培养的重要影响因素。一方面，从硬件上来说，学校购买或引进的人工智能产品，为提高人工智能时代的教师素养提供了物质基础。另一方面，从软件上来说，第一，学校的规章制度，尤其是涉及教师考核、教师激励、教师评价的规章制度，对人工智能时代教师素养的形成和培养具有引导作用。第二，学校的培训活动，对人工智能时代教师素养的形成和培养具有保障作用。

第五，影响人工智能时代教师素养的因素之一是教师自身。教师作为能动性的个体，其主观态度、知识能力水平、具体行动都会成为影响因素。依据创新扩散理论对创新采用者的划分，人工智能作为一种应用于教育教学的创新，教师作为人工智能采用者，可以将教师划分为：人工智能采用先驱者、早期人工智能采用者、早期人工智能采用大众、后期人工智能采用大众、人工智能采用落后者。这五类教师，其中前两类对人工智能持积极态度，第三类对人工智能持中立态度，后两类对人工智能持消极态度。教师人工智能知识技能水平，一方面受到教师人工智能态度的影响，另一方面受到国家政策的影响。

（五）人工智能时代教师素养的培养策略

第五章从政府、企业、学校、教师四方面分析了人工智能时代教师素养的培养策略。

第一，从国家层面，制定标准，投入资金。一方面，政府需要发挥宏观调控作用，制定人工智能时代的国家教师专业标准，对学校及教师起到引领作用。政策制定要考虑到人工智能时代的教师素养具有可变、以人为本、人机协同的特征。另一方面，政府可以借鉴国外经验，通过直接投资项目和激励计划等方式多渠道加大对人工智能的投入，尤其是人工智能教育的投入，为培养人工智能时代教师素养提供资金支持。

第二，从企业层面，研发适用于教师的人工智能产品，推动可解释人工智能的发展。企业可以通过发挥技术优势，与政府、高校等合作，推动适用于教育教学的人工智能产品研发。在产品研发的过程中，需要考虑到教师使用的适用性，并推动可解释人工智能的发展。

第三，从学校层面，开展职前教师人工智能培养，开展在职教师人工智能培训。一方面，职前培养要以师范高校为主阵地，同时鼓励高校人工智能专业学生从事教师工作。另一方面，职后培训要充分发挥名师工作室的作用培养人工智能师资，基于智慧教师开展人工智能教师培训，多方联合多种形式开展人工智能教师培训，开展人工智能师资培训要注重教师实践，要关注人工智能伦理。

第四，从教师层面，从观念上提升适应人工智能时代的认知，从实践上提升适应人工智能时代的能力。一方面，教师可以通过网络公开课、经典著作、艺术作品等途径提升对人的认知，另外，教师可以通过关注人工智能政策及研究报告、高校人工智能研究院所官网、科技企业人工智能实验室官网、人工智能会议等途径提升对人工智能的认知。另一方面，教师应该将创新融入教育教学过程，注重研究与反思，与学生增加情感交流，用审美眼光看待教育教学活动，形成终身学习的习惯等，从而提升人类特有综合能力。另外，教师还应该在课堂教学实践中应用人工智能，从而提升人工智能应用能力。

二、研究不足

本研究的不足之处很多，比如思辨深度不够缺少系统调查。

（一）思辨深度不够

本研究对理论的分析深度不够，对技术哲学、心理学等学科的相关理论，阅读与理解的深度还不够，还需要进一步增加文献的阅读，加强理解深度，从而完善对相关理论在本研究中的解释。

（二）缺少系统调查

本研究主要是理论分析，缺少系统调查。而对于人工智能时代教师素养的影响因素部分，通过调查研究会更好地分析各因素之间的作用，这是本研究缺乏的，是后续研究进一步需要补充的。比如教师是否认为应该为人工智能时代培养人？教师是否会使用人工智能产品应用于教育教学？如果使用的话，具体应用于教育教学的哪些环节？教师认为人工智能时代的教师应具备哪些素养？教师对人工智能知识、人工智能技能、人工智能伦理方面有何认识？教师认为应该如何培养人工智能时代的教师素养？教师对这些问题的回答，都会影响人工智能时代的教师素养。

第二节　展　望

展望未来技术与未来教师，不禁提出两个问题：一是从技术维度来看，超人工智能会出现吗？二是从教师维度来看，未来的教师又该如何？

一、技术：超人工智能会出现吗？

我们需要继续思考的是：人工智能是否会成为“人”，代替“人”，甚至超越“人”？1950年，美国著名科幻作家艾萨克·阿西莫夫(Isaac Asimov)出版了《我，机器人》。在这部著作里讨论了一个主题：人类和机器人的关系。并提出了著名的机器人三定律：第一定律——机器人不可以伤害人类，或者看见人类在面临威胁时袖手旁观；第二定律——在不违背第一定律的前提下，机器人必须服从人类下达的指令；第三定律——在不违背前两条定律的前提下，机器人要尽量保护自己的生存安全。后来有人在此基础上提出了机器人第零定律：机器人必须保护整个人类种族的利益不受破坏，这一条定律的优先级要高于原来的三条。

然而阿西莫夫提出的机器人三定律是人类一厢情愿的规则。如果出现了超人工智能，人工智能有了自己的思维，它们是否愿意遵从人类制定的规则呢？有些人很悲观地认为，如果超人工智能真的想要反叛人类，人类很可能将束手无策，因为人类不可能控制智能水平远远超过人类的机器人。《人工智能研究》杂志发表的一篇论文也提出了这一观点，文章中指出：如果我们都不清楚超级人工智能会出现什么样的情况，那么就算制定了所谓的机器人三定律来阻止它们伤害人类，最终也只能是徒劳无功。当机器人的内部系统超过人类程序员的能力范围时，人工智能恐怕就不会再受到人类的限制了。

对此，有人提出，最可靠的办法或许就是限制人工智能的能力，从源头上解决问题。比如设计一套预案，在必要的时候切断人工智能的一些功能，从而限制其能力。矛盾就在于:一方面,人们希望人工智能可以最大程度地给人类提供便利和服务;另一方面,人们又很担心人工智能的强大,从而不得不限制人工智能的一些能力。

好在超人工智能还不知何时才会出现,或者会不会出现。但,未雨绸缪还是需要的。或许我们知道技术会不断发展,但我们都不能确定技术到底会发展成什么样子。而人类可以做的是不断地适应变化,不断地迎接挑战,因为,这可能不是一场简单的胜负之战,而有可能是一场生死存亡之战。

二、教师:未来的教师又该如何?

人类与人工智能是否可以协同、共舞、共存?会以何种形式共存?问题的关键还在于人类的价值取向。正如默里·沙纳汉(Murray Shanahan)在其著作《技术奇点》中所提出的,"我们必须认真思考要给智能机器输入什么价值观"[①]。同样的,牛津大学卢西亚诺·弗洛里迪(Luciano Floridi)教授指出,"技术带来的深层次哲学问题和他们能使人类做什么无关,而是与它们怎样引导人类重新理解自我定义以及我们应该怎样与智能机器互动交流有关"[②]。总之,教育需要坚守人本立场,教师需要坚守启发学生的立场。"教育要回到人,回到过程,回到生活。"[③]在此前提下,积极审慎地运用人工智能。人工智能时代,教师面临的角色困境需要社会的支持来解决。教师应该反思技术与人的关系,明确自我存在价值。

技术发展是不可逆的,正如著名视听教育专家詹姆斯·芬恩(James Fjnn)曾经说:"我们不能盲目地否定技术发展及其成果,如果一味否定技术,那么最终将否定我们自己。"[④]教师应该运用技术,但不依赖于技术。况且,未来是不确定的。当互联网刚出现时,可能大部分人没想过会普及;当使用小灵通时,可能大部分人没想过还会出现智能手机。技术不断发展,总会给人类带来一些意外。但这些技术又何尝不是人发明创造的呢?当然,科学家也说技术的发展是需要时间的。

面对人工智能时代,教师可能要勇敢一些,正如马斯洛的观点,"要做的

---

① 沙纳汉.技术奇点[M].霍斯亮,译.北京:中信出版集团,2016:165.

② 弗洛里迪.第四次革命[M].王文革,译.杭州:浙江人民出版社,2016:285.

③ 胡伟.埃吕尔技术哲学思想及其对教育研究的影响[J].教育学报,2013,9(6):33.

④ Fjnn J D. A walk on the altered side[M]// Ely D P, Plomp T(Eds). Classic writings on instructional technology. Englewood,CO: Libraries Unlimited,Inc., 1996:47-55.

唯一有气魄的事似乎就是不要害怕错误，投身进去，尽力而为，以期能从纠正它们的过程中学到足够的东西"①。恐龙如果会思考的话，可能也不会想到有一天自己会在这个地球上消失。当然，技术与教师的问题，不仅仅是技术与教师的问题，其中还涉及各种复杂的因素，各种力量在其中作用，所以，作为教师也不必过于担忧，该来的总会来，而现在能做的则是活在当下。

很多研究者研究人工智能应用于教学的目的在于减轻教师的教学负担，比如作业批改等机械、重复性工作，从而可以使教师专注于育人的工作。然而，至少目前，人工智能还无法实现创造性、概念化或复杂的战略规划，无法完成需要精确的眼手协调的复杂工作，也不可能产生共情来实现人机互动。②这都是人类教师存在的重要意义。

当有一天，教师戴上增强现实眼镜，可以看到学生头顶上显示出该学生的各种数据，前提是人工智能提供的数据是真实可靠的。那时，教师与学生之间是否还存在神秘感？教师在完全了解学生与不了解学生之间，该了解多少？教师与学生之间的边界感该如何界定？当然，学生的数据是在不断变化的，人的特点可能就是不确定的存在。可能人类生命的意义在于，我们不断对未知的向往，在寻求稳定性与追求冒险之间试探。每个人都是带着自己的剧本来的，每个人都有自己的潜质，可能人工智能可以帮助我们发现每个人的潜质，然后每个人都能各尽所能，在自己的方向和岗位上，成长为更好的自己。

庄子云："吾生也有涯，而知也无涯。以有涯随无涯，殆已。"相对浩如烟海的知识，人类的生命实在太短暂了。在有限的生命历程中，人类不能盲目地学习，而要有所侧重。那么对教师而言，又何尝不是如此。就让技术去发挥技术之所长，而教师就应该发挥教师之所长。所谓各司其职，相安甚好。

也许人类所担心的人工智能问题，就像我们看蚂蚁忙着搬家一样。相对宇宙而言，这些事都太过渺小。人类在生理上的认知局限，促使其试图借助技术不断地认识世界，但这其中的悖论是技术总是人发明创造的，所以，依然逃不出人的认知局限，除非出现完全脱离于人的控制的技术，有自己的思维、意识，那时，可能就是人类无法解释的了。当然，本研究也无从解释。

---

① 马斯洛.自我实现的人[M].许金声，刘锋，等译.北京：生活·读书·新知三联书店，1987：2.

② 霍姆斯，比利亚克，菲德尔.教育中的人工智能：前景与启示[M].冯建超，等译.上海：华东师范大学出版社，2021：180.

参考文献

一、中文文献

（一）著作

［1］博登.人工智能哲学［M］.刘西瑞，王汉琦，译.上海：上海译文出版社，2006.

［2］罗杰斯.创新的扩散［M］.唐兴通，郑常青，张延臣，译.5版.北京：电子工业出版社，2016.

［3］马斯洛.自我实现的人［M］.许金声，刘锋，等译.北京：生活·读书·新知三联书店，1987.

［4］霍恩斯，比利亚克，菲德尔.教育中的人工智能：前景与启示［M］.冯建超，等译.上海：华东师范大学出版社，2021.

［5］博登.AI：人工智能的本质与未来［M］.孙诗惠，译.北京：中国人民大学出版社，2017.

［6］泰格马克.生命3.0：人工智能时代人类的进化与重生［M］.汪婕舒，译.杭州：浙江教育出版社，2018.

［7］朱克斯，沙夫.教育未来简史：颠覆性时代的学习之道［M］.钟希声，

译. 北京:教育科学出版社,2020.

[8] 斯加鲁菲. 人工智能通识课[M]. 张瀚文,译. 北京:人民邮电出版社,2020.

[9] 米歇尔. AI 3.0[M]. 王飞跃,译. 成都:四川科学技术出版社,2021.

[10] 卢奇,科佩克. 人工智能[M]. 林赐,译. 2 版. 北京:人民邮电出版社,2018.

[11] 库兹韦尔. 人工智能的未来[M]. 盛杨燕,译. 杭州:浙江人民出版社,2016.

[12] 松尾丰,盐野诚. 大智能时代:智能科技如何改变人类的经济、社会与生活[M]. 陆贝旎,译. 北京:机械工业出版社,2016.

[13] 卡普兰. 人工智能时代:人机共生下财富、工作与思维的大未来[M]. 李盼,译. 杭州:浙江人民出版社,2016.

[14] 麦克卢汉. 理解媒介:论人的延伸[M]. 何道宽,译. 南京:译林出版社,2011.

[15] 瓦格纳. 教育大未来[M]. 余燕,译. 2 版. 海口:南海出版公司,2019.

[16] 多尔蒂,威尔逊. 机器与人:埃森哲论新人工智能[M]. 赵亚男,译. 北京:中信出版集团,2018.

[17] 马尔科夫. 与机器人共舞:人工智能时代的大未来[M]. 郭雪,译. 杭州:浙江人民出版社,2015.

[18] 奥恩. 人工智能时代的教育变革[M]. 李海燕,王秦辉,译. 北京:机械工业出版社,2018.

[19] 蔡斯. 人工智能革命:超级智能时代的人类命运[M]. 张尧然,译. 北京:机械工业出版社,2017.

[20] 塞尔登,阿比多耶. 第四次教育革命:人工智能如何改变教育[M]. 吕晓志,译. 北京:机械工业出版社,2019.

[21] 加涅. 学习的条件和教学论[M]. 皮连生,等译. 上海:华东师范大学出版社,1999.

[22] 科尔文. 不会被机器替代的人:智能时代的生存策略[M]. 俞婷,译. 北京:中信出版集团,2017.

[23] 海森伯. 物理学家的自然观[M]. 吴忠,译. 北京:商务印书馆,1990.

[24] 波斯曼. 技术垄断:文化向技术投降[M]. 何道宽,译. 北京:北京大

学出版社,2007.

[25] 波兹曼.娱乐至死[M].章艳,译.2版.桂林:广西师范大学出版社,2011.

[26] 沙纳汉.技术奇点[M].霍斯亮,译.北京:中信出版集团,2016.

[27] 弗洛里迪.第四次革命:人工智能如何重塑人类现实[M].王文革,译.杭州:浙江人民出版社,2016.

[28] 哈贝马斯.作为"意识形态"的技术与科学[M].李黎,郭官义,译.上海:学林出版社,1999.

[29] 叔本华.作为意志和表象的世界[M].石冲白,译.北京:商务印书馆,1983.

[30] 朗格让.终身教育导论[M].滕兴,滕复,王箭,译.北京:华夏出版社,1988.

[31] 达文波特,柯尔比.人机共生:智能时代人类胜出的5大策略[M].李盼,译.杭州:浙江人民出版社,2018.

[32] 克里斯汀.最有人性的"人":人工智能带给我们的启示[M].闾佳,译.北京:人民邮电出版社,2012.

[33] 联合国教科文组织.人工智能与教育:政策制定者指南[M].北京:教育科学出版社,2021.

[34] 叶澜."新基础教育"论:关于当代中国学校变革的探究与认识[M].北京:教育科学出版社,2006.

[35] 叶澜.教育概论[M].北京:人民教育出版社,1991.

[36] 顾明远.教育大辞典[M].上海:上海教育出版社,1998.

[37] 任萍萍.智能教育:让孩子站在人工智能的肩膀上适应未来[M].北京:电子工业出版社,2020.

[38] 刘伟.人机融合:超越人工智能[M].北京:清华大学出版社,2021.

[39] 赵汀阳.四种分叉[M].上海:华东师范大学出版社,2017.

[40] 余胜泉.人工智能+教育蓝皮书[M].北京:北京师范大学出版社,2020.

[41] 辞海编辑委员会.辞海(中)[M].上海:上海辞书出版社,1999.

[42] 于光远,陈保平.教师素养新论[M].兰州:兰州大学出版社,2001.

[43] 教育部师范教育司.教师专业化的理论与实践[M].2版.北京:人民教育出版社,2003.

[44] 汤晓鸥,陈玉琨.人工智能基础:高中版[M].上海:华东师范大学出版社,2018.

[45] 腾讯研究院,中国通信院互联网法律研究中心,腾讯 AI Lab,等.人工智能[M].北京:中国人民大学出版社,2017.

[46] 鲁昕.走近人工智能[M].北京:商务印书馆,2020.

[47] 高文.学习科学的关键词[M].上海:华东师范大学出版社,2009.

[48] 卢乐山.中国学前教育百科全书·心理发展卷[M].沈阳:沈阳出版社,1995.

[49] 爱因斯坦文集(第1卷)[M].许良英,范岱年,编译.北京:商务印书馆,1976.

[50] 殷石龙.创新学引论[M].长沙:湖南人民出版社,2002.

[51] 张庆林.创造性研究手册[M].成都:四川教育出版社,2001.

[52] 李泽厚.美学三书[M].合肥:安徽文艺出版社,1999.

[53] 蒋冰海.审美论[M].上海:上海社会科学院出版社,1992.

[54] 杜卫.审美与人生[M].北京:中国文史出版社,2018.

[55] 王向华.对话教育论纲[M].北京:教育科学出版社,2009.

[56] 许良.技术哲学[M].上海:复旦大学出版社,2005.

[57] 李庆臻.简明自然辩证法词典[M].济南:山东人民出版社,1986.

[58] 王作冰.人工智能时代的教育革命[M].北京:北京联合出版公司,2017.

[59] 尼克.人工智能简史[M].北京:人民邮电出版社,2017.

[60] 沈伟.智能时代的教师[M].北京:教育科学出版社,2021.

[61] 刘韩.人工智能简史[M].北京:人民邮电出版社,2018.

[62] 瞿葆奎.教育学文集·教育与教育学[M].北京:人民教育出版社,1993.

(二)期刊论文

[1] 叶澜.新世纪教师专业素养初探[J].教育研究与实验,1998(1):41-46.

[2] 鲁洁.做成一个人:道德教育的根本指向[J].教育研究,2007(11):11-15.

[3] 余胜泉.人工智能教师的未来角色[J].开放教育研究,2018,24(1):16-28.

[4] 余胜泉.人机协作:人工智能时代教师角色与思维的转变[J].中小学

数字化教学,2018(3):24－26.

[5] 余胜泉,王琦."AI＋教师"的协作路径发展分析[J].电化教育研究,2019(4):14－22,29.

[6] 周邵锦,王帆.K－12 人工智能教育的逻辑思考:学生智慧生成之路:兼论 K－12 人工智能教材[J].现代教育技术,2019,29(4):12－18.

[7] 周文叶,崔允漷.何为教师之专业:教师专业标准比较的视角[J].全球教育展望,2012,41(4):31－37.

[8] 谢忠新,曹杨璐,李盈.中小学人工智能课程内容设计探究[J].中国电化教育,2019(4):17－22.

[9] 郑立新,王振强.义务教育阶段机器人模块内容标准解读[J].中国电化教育,2012(11):28－30.

[10] 宋灵青,许林."AI"时代未来教师专业发展途径探究[J].中国电化教育,2018(7):79－86.

[11] 许亚锋,彭鲜,曹玥,等.人机协同视域下教师数智素养之内涵、功能与发展[J].远程教育杂志,2020,38(6):13－21.

[12] 闫志明,付加留,朱友良,等.整合人工智能技术的学科教学知识(AI－TPACK):内涵、教学实践与未来议题[J].远程教育杂志,2020(5):23－34.

[13] 吉菁,韩向明.加涅学习结果分类理论对确定课堂教学目标的启示[J].教育理论与实践,2002,22(51):40－41.

[14] 林颖,姚夏倩.从加涅的学生素质观看素质教育[J].心理科学,2000,23(2):192－195.

[15] 林崇德,申继亮,辛涛.教师素质的构成及其培养途径[J].中国教育学刊,1996(6):16－22.

[16] 刘克松,程广明,李尧.人工智能概念内涵与外延研究[J].中国新通信,2018(14):140－141.

[17] 张治,李永智.迈进学校 3.0 时代:未来学校进化的趋势及动力探析[J].开放教育研究,2017,23(4):40－49.

[18] 郭炯,郝建江.人工智能环境下的学习发生机制[J].现代远程教育研究,2019,31(5):32－38.

[19] 祝智庭,彭红超,雷云鹤.智能教育:智慧教育的实践路径[J].开放

教育研究,2018,24(4):13-24,42.

[20] 朱永海,刘慧,李云文,等.智能教育时代下人机协同智能层级结构及教师职业形态新图景[J].电化教育研究,2019,40(1):104-112,120.

[21] 朱丽萍.引入优质资源 提升教师专业素养[J].中小学信息技术教育,2018(2):101-102.

[22] 徐鹏.人工智能时代的教师专业发展:访美国俄勒冈州立大学玛格丽特·尼斯教授[J].开放教育研究,2019,25(4):4-9.

[23] 汪明.基于核心素养的学生智能素养构建及其培育[J].当代教育科学,2018(2):83-85.

[24] 夏立,郑耿忠,傅胤荣.师范院校人工智能与编程教师培养初探[J].中国信息技术教育,2020(21):103-106.

[25] 康建朝.芬兰中小学编程教育的缘起、实践路径与特征[J].电化教育研究,2021,42(8):101-107,115.

[26] 王奕俊,王英美,杨悠然.高等院校人工智能素养教育的内容体系与发展理路[J].黑龙江高教研究,2022(2):26-31.

[27] 许艳丽,李文.AI重塑工作世界与职业教育信息化的适应[J].中国电化教育,2020(1):93-98.

[28] 汪时冲,方海光,张鸽,等.人工智能教育机器人支持下的新型"双师课堂"研究:兼论"人机协同"教学设计与未来展望[J].远程教育杂志,2019(2):25-32.

[29] 陈凯泉,张春雪,吴玥玥,等.教育人工智能(EAI)中的多模态学习分析、适应性反馈及人机协同[J].远程教育杂志,2019(5):24-34.

[30] 于汉超,刘慧晖,魏秀,等.人工智能政策解析及建议[J].科技导报,2018,36(17):75-82.

[31] 腾讯研究院.人工智能各国战略解读:联合国人工智能政策报告[J].电信网技术,2017(2):26-28.

[32] 孙丹,李艳.国内外青少年编程教育的发展现状、研究热点及启示:兼论智能时代我国编程教育的实施策略[J].远程教育杂志,2019,37(3):47-60.

[33] 王永固,聂瑕,王会军,等."互联网+"名师工作室促进乡村教师专业发展:机制与策略[J].中国电化教育,2020(10):106-114.

[34] 王同聚.面向人工智能教育的名师工作室教师培养策略[J].中小学数字化教学,2021(1):17-20.

[35] 李政涛,罗艺.智能时代的生命进化及其教育[J].教育研究,2019,40(11):39-58.

[36] 曹培杰.人工智能教育变革的三重境界[J].教育研究,2020,41(2):143-150.

[37] 唐汉卫.人工智能时代教育将如何存在[J].教育研究,2018,39(11):18-24.

[38] 赵勇.智能机器时代的教育:方向与策略[J].教育研究,2020(3):26-35.

[39] 项贤明.在人工智能时代如何学为人师?[J].中国教育学刊,2019(3):76-80.

[40] 项贤明.人工智能与未来教育的任务[J].华东师范大学学报(教育科学版),2017(5):21-24.

[41] 范国睿.智能时代的教师角色[J].教育发展研究,2018,38(10):69-74.

[42] 郑勤华,覃梦媛,李爽.人机协同时代智能素养的理论模型研究[J].复旦教育论坛,2021,19(1):52-59.

[43] 赵勇.未来,我们如何做教师?[J].中国德育,2017(11):48-51.

[44] 胡伟.人工智能时代的教育改革:背景、方向与路径[J].现代教育技术,2019(7):12-17.

[45] 陈彩虹.在无知中迎来第四次工业革命[J].读书,2016(11):14-24.

[46] 胡伟.人工智能时代教师的角色困境及行动策略[J].现代大学教育,2019(5):79-84.

[47] 侯怀银,时益之."终身教育"解析[J].现代教育论丛,2019(5):17-24.

[48] 褚君浩.迎接智能时代[J].华东师范大学学报(教育科学版),2017(4):22-24.

[49] 蔡自兴.中国人工智能40年[J].科技导报,2016,34(15):12-32.

[50] 张坤颖,张家年.人工智能教育应用与研究中的新区、误区、盲区与禁区[J].远程教育杂志,2017,35(5):54-63.

[51] 李政涛.当教师遇上人工智能……[J].人民教育,2017(23):20-23.

[52] 刘伟,谭维智.人工智能时代的师生交互:困顿与突破[J].开放教育研究,2022(2):54-63.

[53] 程萌.人工智能时代机器对工人的抽象统治:主体性哲学的三重批判维度[J].中国地质大学学报(社会科学版),2022,22(2):8-19.

[54] 何文涛,庞兴会,朱悦,等.人工智能时代中小学教师信息化教学能力发展现状与提升策略[J].现代教育技术,2022,32(3):92-101.

[55] 陈曲,王心丹,郭欣欣.虚拟现实新阶段:浅谈人工智能时代下VR技术的发展[J].网络安全技术与应用,2022(3):125-127.

[56] 张务农.人工智能时代教学主体的辨识与伦理反思[J].教育研究,2022,43(1):81-90.

[57] 刘方喜.脑工的终结:人工智能时代的机器生产工艺学命名[J].江西社会科学,2022(1):33-41.

[58] 张楠.人工智能时代学校教育的嬗变[J].中学政治教学参考,2022(4):57-60.

[59] 周旅军,吕鹏."向善"且"为善":人工智能时代的算法治理与社会科学的源头参与[J].求索,2022(1):135-142.

[60] 潘小芳."祛魅"与"返魅":人工智能时代教师权威的危机与重塑[J].江汉大学学报(社会科学版),2022,39(1):116-124,128.

[61] 管秀雪.人工智能时代思想政治教育者角色探析[J].思想理论教育,2022(1):96-100.

[62] 于泽元,那明明.人工智能时代教育目的的转向[J].中国电化教育,2022(1):66-72.

[63] 楼又嘉,李一航,王永固,等.人工智能基础教育课程全球图谱:开发框架与实施方略:UNESCO《K-12人工智能课程图谱》报告解析[J].远程教育杂志,2022(3):3-15.

[64] 苗逢春.从"国际人工智能与教育会议"审视面向数字人文主义的人工智能与教育[J].现代教育技术,2022,32(2):5-23.

[65] 舒红跃,吴娇.人工智能:一种新技术还是一种新生命:生命哲学视域中的人工智能探究[J].江汉论坛,2022(2):18-23.

[66] 方兵.我国高校人工智能产业学院建设:实然、必然与应然:基于30家人工智能产业学院的考察[J].中国职业技术教育,2022(4):52-58.

[67] 顾小清,李世瑾,李睿.人工智能创新应用的国际视野:美国NSF人工智能研究所的前瞻进展与未来教育展望[J].中国远程教育,2021(12):1-9.

[68] 涂良川,乔良.人工智能"高阶自动化"的主体可能性:兼论人工智

能奇点论的存在论追问[J]. 现代哲学,2021(6):32-40.

[69] 胡万亨. 当卡尔·马克思遇见人工智能:《非人的力量:人工智能与资本主义的未来》评介[J]. 科学与社会,2021(2):123-137.

(三)网页新闻

[1] 余杭晨报. 余杭:"人工智能"进校园,为学生插上科技翅膀[EB/OL]. (2021-11-25)[2022-04-26]. https://baijiahao.baidu.com/s?id=1717365484774952608&wfr=spider&for=pc.

[2] 唐兆玲. 人工智能给我们的校园生活带来了哪些变化?[EB/OL]. (2019-04-17)[2022-04-26]. http://nic.upc.edu.cn/2019/0417/c7404a203302/page.htm.

[3] 黄家伟. 远程学习模式为计算思维发展的机遇和挑战[EB/OL]. (2020-07-13)[2022-05-08]. https://mp.weixin.qq.com/s/Ly5wDxNRePUIrxMkxms7DA.

[4] 赵倩,熊旭. 北京语言大学发布 2017 年度中国媒体十大流行语[EB/OL]. (2017-12-06)[2022-05-11]. http://edu.people.com.cn/n1/2017/1206/c1053-29690394.html.

[5] 顾小清. AIED:分享 ECNU 的研究[EB/OL]. (2020-07-13)[2022-05-08]. https://mp.weixin.qq.com/s/Ly5wDxNRePUIrxMkxms7DA.

[6] 外研社,信息技术中心."教育部人工智能助推教师队伍建设行动"北京外国语大学试点工作总结交流会举行[EB/OL]. (2021-09-17)[2022-05-03]. https://news.bfsu.edu.cn/article/287656/cate/4.

[7] 北京外国语大学党委宣传部. 人工智能助推高校教师发展之北外倡议[EB/OL]. (2021-09-17)[2022-05-04]. https://news.bfsu.edu.cn/archives/287599.

[8] 中国教育报. 联合国教科文组织:发布基础教育阶段人工智能课程全球报告[EB/OL]. (2022-03-03)[2022-05-16]. https://baijiahao.baidu.com/s?id=1726257338975943072&wfr=spider&for=pc.

[9] 腾讯人工智能实验室. 关于腾讯人工智能实验室[EB/OL]. [2022-05-16]. https://ai.tencent.com/ailab/zh/about.

[10] 新浪科技. 腾讯成立机器人实验室:与 AI Lab 成为腾讯 AI 支撑部门[EB/OL]. (2018-03-15)[2022-05-16]. http://tech.sina.com.cn/it/2018-03-15/doc-ifyscsmv9495097.shtml?_zbs_baidu_bk.

[11] 凤凰网. 腾讯成立机器人实验室 Robotics X,与 Nature 宣布长期合

作[EB/OL].(2018-03-15)[2022-05-16]. https://tech.ifeng.com/a/20180315/44908354_0.shtml.

[12] 未来网新闻.未来基因联合腾讯教育在线直播 全面解读基础教育信息科技新课标[EB/OL].(2022-05-10)[2022-05-16]. http://news.k618.cn/finance/money/202205/t20220510_18320738.html.

[13] 中国新闻网.人工智能进课堂,智慧教育将带来哪些变化?[EB/OL].(2022-03-25)[2022-05-15]. https://baijiahao.baidu.com/s?id=1728275431383646254&wfr=spider&for=pc.

[14] 腾讯人工智能实验室.腾讯发布国内首份可解释 AI 报告:详解打开算法黑箱的理念与实践[EB/OL].(2022-01-19)[2022-05-16]. https://ai.tencent.com/ailab/zh/news/detial?id=94.

[15] 科技日报.《2022 年人工智能教育蓝皮书》:超半数受访校已开设或正在筹备人工智能教育教学活动[EB/OL].(2022-03-25)[2022-05-17]. http://www.stdaily.com/index/kejixinwen/202203/9c77d248f2f54015ac163124a39331d9.shtml.

[16] 教育部.教育部解读《高等学校人工智能创新行动计划》[EB/OL].(2018-06-08)[2022-05-04]. http://www.moe.gov.cn/jyb_xwfb/xw_fbh/moe_2069/xwfbh_2018n/xwfb_20180608/mtbd/201806/t20180611_339062.html.

[17] QS. 2022 年 QS 世界大学学科排名:计算机科学与信息系统 2022[EB/OL].(2022-04-06)[2022-05-17]. https://www.qschina.cn/university-rankings/university-subject-rankings/2022/computer-science-information-systems.

[18] 新京报.杭州一中学引入"黑科技"刷脸考勤 分析学生课堂行为[EB/OL].(2018-05-18)[2022-05-20]. https://baijiahao.baidu.com/s?id=1600788049889451786&wfr=spider&for=pc.

(四)政策报告

[1] 国务院.国务院关于印发《中国制造 2025》的通知[R/OL].(2015-05-19)[2022-05-13]. http://www.gov.cn/zhengce/content/2015-05/19/content_9784.htm.

[2] 国务院.国务院关于积极推进"互联网+"行动的指导意见[R/OL].(2015-07-04)[2022-05-13]. http://www.gov.cn/zhengce/content/2015-07/04/content_10002.htm.

[3] 国务院. 国务院关于印发"十三五"国家科技创新规划的通知[R/OL]. (2016-08-08)[2022-05-13]. http://www.gov.cn/zhengce/content/2016-08/08/content_5098072.htm.

[4] 国务院. 国务院关于印发"十三五"国家战略性新兴产业发展规划的通知[R/OL]. (2016-12-19)[2022-05-13]. http://www.gov.cn/zhengce/content/2016-12/19/content_5150090.htm.

[5] 国务院. 国务院关于印发新一代人工智能发展规划的通知[R/OL]. (2017-07-20)[2022-05-13]. http://www.gov.cn/zhengce/content/2017-07/20/content_5211996.htm.

[6] 国务院. 中共中央 国务院关于全面深化新时代教师队伍建设改革的意见[EB/OL]. (2018-01-31)[2022-05-16]. http://www.gov.cn/zhengce/2018-01/31/content_5262659.htm.

[7] 国务院. 国务院关于印发全民科学素质行动规划纲要(2021—2035年)的通知[R/OL]. (2021-06-25)[2022-05-13]. http://www.gov.cn/zhengce/content/2021-06/25/content_5620813.htm.

[8] 中共中央,国务院. 中共中央、国务院印发《中国教育现代化2035》[R/OL]. (2019-02-23)[2022-05-13]. http://www.moe.gov.cn/jyb_xwfb/s6052/moe_838/201902/t20190223_370857.html.

[9] 国家发展改革委,科技部,工业和信息化部,中央网信办."互联网+"人工智能三年行动实施方案[R/OL]. (2016-05-25)[2022-05-13]. http://finance.people.com.cn/NMediaFile/2016/0525/MAIN201605251707000414641413574.pdf.

[10] 工业和信息化部. 工业和信息化部关于印发《促进新一代人工智能产业发展三年行动计划(2018—2020年)》的通知[R/OL]. (2017-12-14)[2022-05-13]. https://www.miit.gov.cn/zwgk/zcwj/wjfb/zh/art/2020/art_de90191568e94fb0b358864d30c67ae9.html.

[11] 教育部. 教育部关于印发《高等学校人工智能创新行动计划》的通知[R/OL]. (2018-04-02)[2022-05-13]. http://www.gov.cn/zhengce/zhengceku/2018-12/31/content_5443346.htm.

[12] 教育部. 教育部关于印发《教育信息化2.0行动计划》的通知[R/OL]. (2018-04-18)[2022-05-16]. http://www.moe.gov.cn/srcsite/A16/s3342/201804/t20180425_334188.html.

[13] 教育部. 教育部关于实施卓越教师培养计划2.0的意见[EB/OL]. (2018-09-30)[2022-05-16]. http://www.moe.gov.cn/srcsite/A10/

s7011/201810/t20181010_350998.html.

[14] 教育部.教育部关于加快建设高水平本科教育 全面提高人才培养能力的意见[EB/OL].(2018-09-17)[2022-05-16]. http://www.moe.gov.cn/srcsite/A08/s7056/201810/t20181017_351887.html.

[15] 教育部.教育部关于印发《2019年教育信息化和网络安全工作要点》的通知[EB/OL].(2019-03-13)[2022-05-16]. http://laws.ict.edu.cn/laws/new/n20190313_56766.shtml.

[16] 教育部.教育部关于实施第二批人工智能助推教师队伍建设行动试点工作的通知[EB/OL].(2021-09-08)[2022-05-04]. http://www.moe.gov.cn/srcsite/A10/s7034/202109/t20210915_563278.html.

（五）学位论文、报纸

[1] 翁朱华.远程教育教师角色与素养研究[D].上海:华东师范大学,2013.

[2] 吴淑芳.大学教育与人的创新素养发展:基于大学生活的社会学考察[D].上海:华东师范大学,2013.

[3] 蔡臻祯.幼儿园骨干教师研究素养的现状调查与提升策略研究[D].福州:福建师范大学,2019.

[4] 邓蕾蕾.幼儿园教师审美素养研究:基于人生美学的视角[D].金华:浙江师范大学,2021.

[5] 林命彬.智能机器的哲学思考[D].长春:吉林大学,2017.

[6] 北京师范大学中国教育创新研究院.破译21世纪核心素养教育的全球经验[N].中国教师报,2016-06-08(3).

[7] 潘舒畅.到2025年,建成千所人工智能实验校[N].温州日报,2022-03-09(8).

二、英文文献

[1] Nilsson N J. The quest for artificial intelligence: a history of ideas and achievements[M]. Cambridge: Cambridge University Press, 2009.

[2] Fjnn J D. Awalk on the altered side[M]// Ely D P, T Plomp. Classic writings on instructional technology. Englewood, CO, Libraries Unlimited, Inc., 1996.

[3] Soltis J F. An introduction to the analysis of educational concepts [M]. 2nd ed. Reading, Mass.: Addison-Wesley, 1978.

[4] Scheffler I. The language of education [M]. Springfield, Ill.:

Thomas, 1960.

[5] Moravec H P. Mind children: the future of robot and human intelligence [M]. Cambridge, Mass. : Harvard University Press, 1988.

[6] Chan B S, Churchill D, Chiu T K. Digital literacy learning in higher education through digital storytelling approach [J]. Journal of International Education Research,2017,13(1):1 - 16.

[7] McCarthy J. From here to human-level AI[J]. Artificial Intelligence, 2007,171(18):1174 - 1182.

[8] Zawacki-Richter O, Marín V I, Bond M, et al. Systematic review of research on artificial intelligence applications in higher education-where are the educators? [J]. International Journal of Educational Technology in Higher Education, 2019, 16(39):1 - 27.

[9] Tuomi P, Multisilta J, Saarikoski P, et al. Coding skills as a success factor for a society[J]. Education and Information Technologies, 2018, 23(1): 419 - 434.

[10] Ng T K. New interpretation of extracurricular activities via social networking sites: A case study of artificial intelligence learning at a secondary school in Hong Kong[J]. Journal of Education and Training Studies,2021,9(1):49 - 60.

[11] Ghallab M. Responsible AI: Requirements and challenges[J]. AI Perspectives,2019,1(1):1 - 7.

[12] Hagendorff T. The ethics of AI ethics: An evaluation of guidelines[J]. Minds and Machines,2020,30(1):99 - 120.

[13] Guilford J P. Creativity[J]. American Psychologist, 1950, 5(9): 444 - 454.

[14] Zheng N N, Liu Z Y, Ren P J, et al. Hybrid-augmented intelligence: Collaboration and cognition[J]. Frontiers of Information Technology & Electronic Engineering, 2017, 18(2): 153 - 179.

[15] Mulgan G. Artificial intelligence and collective intelligence: the emergence of a new field[J]. AI & Society, 2018,33(4):631 - 632.

[16] Grossman P, Dean C G. Negotiating a common language and shared understanding about core practices: The case of discussion [J]. Teaching and Teacher Education, 2019, 80: 157 - 166.

[17] Grossman P, Hammerness K, McDonald M. Redefining teaching, re-

imagining teacher education[J]. Teachers and Teaching, 2009, 15(2): 273-289.

[18] Roll I, Wylie R. Evolution and revolution in artificial intelligence in education[J]. International Journal of Artificial Intelligence in Education, 2016, 26(2): 582-599.

[19] Edwards B I, Cheok A D. Why not robot teachers: Artificial intelligence for addressing teacher shortage[J]. Applied Artificial Intelligence, 2018, 32(4): 345-360.

[20] Guilherme A. AI and education: The importance of teacher and student relations[J]. AI & Society, 2019, 34(1): 47-54.

[21] Hassabis D. Artificial intelligence: Chess match of the century [J]. Nature, 2017, 544(7651): 413-414.

[22] Newzoo. Global mobile market report[EB/OL]. (2022-03-01)[2022-03-10]. https://newzoo.com/products/reports/global-mobile-market-report/.

[23] U.S. News. Best computer science schools[EB/OL]. (2022-03-29)[2022-05-17]. https://www.usnews.com/best-graduate-schools/top-science-schools/computer-science-rankings.

[24] Kelly K. Better than human: Why robots will—and must—take our jobs[EB/OL]. (2012-12-24)[2020-11-16]. https://www.wired.com/2012/12/ff-robots-will-take-our-jobs/.

[25] Stanford Human-centered Artificial Intelligence. Artificial intelligence index report 2022[EB/OL]. (2022-03-16)[2022-05-16]. https://book.yunzhan365.com/iths/eyhd/mobile/index.html.

后记

文末致谢！

谢谢博士后合作导师吴康宁教授！对吴老师有太多话想说，但总觉得自己学识一般，也不想再给忙碌的老师添太多麻烦，而错失很多与老师交流的机会，留下很多遗憾。吴老师的包容、引领、关切、帮助，给了我太多太多温暖。我想这股力量，是这几年我想继续努力、成为更好自己的很重要很重要的支持。当然，这一路我也偷懒、侥幸、犹豫、害怕、失落、想放弃过。希望未来可以勇敢一点，虽不在站，但可以多和老师交流，关于学术，关于人生。

谢谢南师大教育社会学大家庭！从杭州博士毕业来到南京，总有种水土不服、内心孤独之感。当初选择入站是很纯粹地想找个组织，说说话，安安心。我想，我找到了。最初进入这个大家庭交流最多的是韩月，她身上总有种特殊的魅力，很吸引我，也很吸引很多人，记得她毕业答辩完，大家一起吃完饭去唱 K，她哭了，第一次也是唯一一次见她哭。可能她也舍不得南师大，舍不得她的男神吴老师。她总在各种场合淋漓尽致地表达对吴老师的喜爱。

后来她去浙师大工作，直到今天，时不时也会跟她联系，每次和她交流，总有收获，总有一针见血的温暖。后来又认识了陈栋、王金娜、石亚兵、杜连森、刘雨，还记得陈栋、王金娜那时正在埋头苦干，日日夜夜在自习室写论文。那时跟亚兵聊得很多，关于选题、写作、投稿，关于选择、生活、人情。后来跟刘雨也渐渐熟络起来，到现在经常交流学术问题，互相鼓励。渐渐地，这些可爱的家伙一个个都毕业了，去了不错的单位。再后来，疫情前，有一年多在南师大随园图书馆集中写作的日子，大部分成果也是这时候写出来的。还记得那时一起做伴帮忙占座的李雨潜、卢新伟，在图书馆时不时也会碰到陆韵、沈茜、林敏萍、龚伯韬、胡勇、张冰。再然后，这些可爱的家伙也都一个个毕业了。因为疫情，有些人的毕业答辩也没机会去现场看，留下好多遗憾。再后面进来的一些师弟师妹，接触就越来越少了。但后来参加沙龙，也通过线上认识了她们，每一个人都很棒！5 年，其实不止 5 年，我 2016 年就面试通过，开始参加南师大教育社会学沙龙，因为一些原因，到了 2017 年 3 月才正式入站，差不多 6 年的时间，有太多的回忆，在此不能一一记录，但都在记忆深处。

谢谢一起做博士后的战友，同一批入站的肖菊梅师姐、柳世玉！在浙大读博的时候就认识了肖师姐，那时师姐学的是教育史专业。后来有缘又一起来南师大做了博士后。在南师大住的那段时间，肖师姐对我十分照顾，催我写论文，给我提意见，时不时还投喂各种零食。肖师姐的自律让我很佩服，每天早起慢跑十圈，拉伸，每天写作，不断修改，投稿。她总有使不完的劲儿，满满的热情。世玉是一个很温暖很精致的男生。为人处世很是周到，尽求完美。一起写作的日子，我们并肩作战，互相鼓励。另外，还有比我晚一年入站的马宇航，也忘了为什么，平常都叫他老马。他很有趣，是一个生活极为规律、不急不慌的人，经常慢跑，喜欢踢足球，喜欢骑自行车绕南京，偶尔还弹吉他，喝个小酒，不急不躁地写论文。时不时还和大家一起聊聊，看能帮到大家什么忙。

谢谢老师们！这几年认识并交流过的老师们很多，谢谢贺晓星老师（超级喜欢贺老师的风趣，每次沙龙最期待吴老师和贺老师的发言）、齐学红老师（相识于 2015 年的美国威斯康星大学麦迪逊分校，亦师亦友）、张新平老师（几个重要课题，张老师都提出了非常有建设性的意见）、杨跃老师、程天君老师、高水红老师、胡建华老师、王建华老师、项贤明老师、冯建军老师、吴永军老师、李艺老师、齐立旺老师、宗锦莲师姐……

谢谢同事、同行！

谢谢家人、朋友！

谢谢本书的姜编辑！

谢谢这几年遇到的一切事、一切人！

胡伟

2023 年 6 月 27 日于南京